智元微库
OPEN MIND

成长也是一种美好

认知觉醒

伴随一生的学习方法论

周岭 著

（青少年学习版）

人民邮电出版社

北京

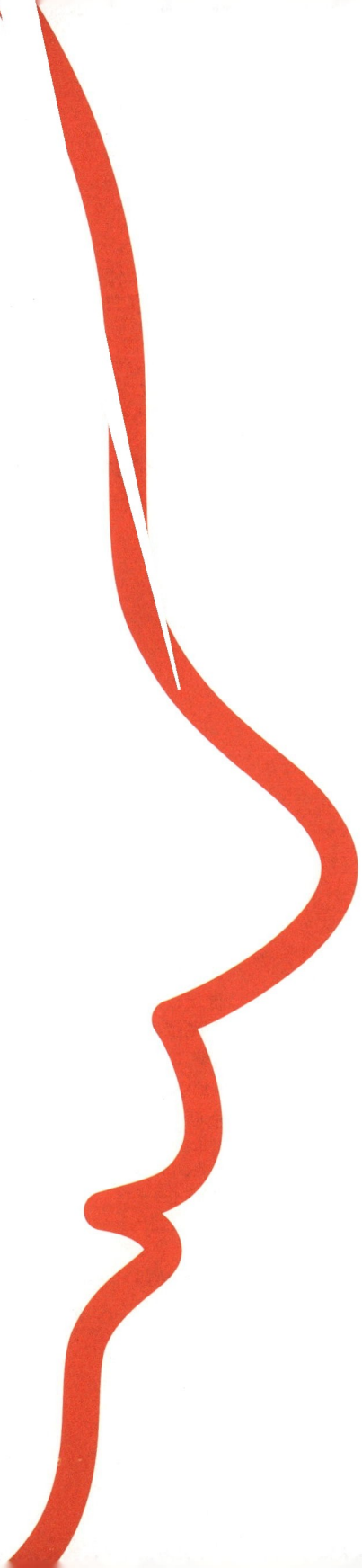

图书在版编目（CIP）数据

认知觉醒 ：伴随一生的学习方法论 ：青少年学习版/
周岭著. -- 北京 ：人民邮电出版社，2022.10
ISBN 978-7-115-59946-9

Ⅰ．①认… Ⅱ．①周… Ⅲ．①学习方法－青少年读物
Ⅳ．①G791-49

中国版本图书馆CIP数据核字（2022）第160073号

◆   著   周 岭
     责任编辑   陈素然
     责任印制   周昇亮

◆ 人民邮电出版社出版发行   北京市丰台区成寿寺路11号
  邮编 100164   电子邮件 315@ptpress.com.cn
  网址 https://www.ptpress.com.cn
  临西县阅读时光印刷有限公司印刷

◆开本：720×960 1/16
  印张：15.75   2022 年 10 月第 1 版
  字数：188 千字   2025 年 8 月河北第 31 次印刷

定 价：69.80 元
读者服务热线：（010）81055522 印装质量热线：（010）81055316
反盗版热线：（010）81055315

送给我的女儿

周子琪

在终身学习时代，
我们需要一个能伴随一生的学习方法论

2020 年，我的第一本书《认知觉醒：开启自我改变的原动力》（以下简称《认知觉醒》）横空出世。

之所以用"横空出世"来形容，是因为它一经面世便深受读者喜爱，两年来发行量突破 40 万册，并掀起了一场关于认识学习的浪潮。在这场浪潮中，我收到源源不断的反馈，其中不乏众多学生、家长和老师的心声，而学生群体几乎覆盖了小学生、初中生、高中生、大学生、研究生等。

他们的心里话非常鼓舞人心，诸如以下反馈。

- 我儿子今年五年级，他看完《认知觉醒》后说很有用，还说要读第二遍和第三遍。@肯爸
- 作为一名初中应届毕业生，您的书让我在浮躁不安中看到了希望。@VC
- 我现在 18 岁，如果能在高考前看到这本书就好了。@好

运 coming

- 我是在高三期间读的《认知觉醒》，这本书让我在高三的环境里有了不错的心态和非常棒的方法。@满眼皆星辰

- 我是一名大一的学生，你的书让我醍醐灌顶，感觉自己捡到了宝。@他 T 她

- 我是一名大二的学生，之前一直认为学习需要用意志力来坚持，但读了《认知觉醒》后，我才知道自己在学习方法上有很多错误，现在我会刻意让自己处于拉伸区，学习进步快，效率也高，这本书真是让人醍醐灌顶。@Allen

- 这本书非常易懂，初中生都可以读。@成成

- 我们经常把您的文章打印出来给学生讲，还专门印出来开班会。@大连中山高级中学 matis grit

- 用您的书育儿，效果"杠杠的"。@哎牙牙

- 今天给学生讲您的书，原本以为四年级的小朋友会不耐烦，结果他们听得津津有味。@Mark

- 这本书应该让每位小学生和初中生都读一遍。@Miss

- 我在大学带研究生，我发现很多人博士毕业之后思维很混乱，因为他们只学会了应试的技巧，而你的书可以点醒这些年轻人，所以我把它推荐给了我的学生。@岁月静好

- 我在高中教心理课，这学期，校领导为全校老师都配备了《认知觉醒》，要求大家暑假阅读，并在开学后进行分享交

流，以促进老师们的内在觉醒和教学水平的提升。@河南漯河实验高级中学　静行致远

......

我这才意识到，原来学生、老师和家长都非常需要这样的学习方法论。因为在求学阶段，大家几乎把注意力都放在了**显性的智力**上，比如具体学科知识的掌握或分数的竞争；而在学习之外的**隐性能力**上，我们的介入手段却非常有限，甚至是缺失的，所以很多同学会遇到这样的痛苦和困惑：

- 感受不到学习的意义，缺乏学习内动力；
- 强烈希望自己变好，但只知道盲目努力；
- 学习时总是分心走神，注意力不够集中；
- 明明很想学习，却总是沉迷娱乐或信息；
- 在自由时间里学习低效，甚至完全失控；
- 不知道如何梳理情绪，以致学习状态差；

　　　......

可见，学习中的隐性能力非常重要，因为它们才是真正长远和根本的能力，是终身学习的能力。只要同学们在这方面的能力得到提升，他们的学习成绩必然是踏实、有保证的。尤其是

在"双减"政策出台后，同学们在这方面的能力要求显得更加突出和重要。这也是为什么《认知觉醒》和《认知驱动：做成一件对他人很有用的事》(以下简称《认知驱动》)①如此受学生、老师和家长欢迎，因为它们无意间填补了学习和教学环节上的部分缺失。

不过，尽管这两本书非常易读，但其中部分内容与学习方法关系不大，语言风格也不是很符合在校学生的阅读水平，所以我决定把这两本书中有关学习方法的内容进行全盘梳理，用学生能看懂的语言重构一本能伴随他们一生的学习方法论之书，力争让每位读过这本书的同学都能获取**"更强的学习动力、更好的学习习惯、更优的学习方法"**，也希望它能成为老师和学生、家长和孩子之间的黏合剂。

需要说明的是，本书并不涉及具体的学科方法。它不会教你怎么解数学问题、怎么学语文，也不会教你怎么记历史知识、怎么考政治，但它会从脑科学、认知科学、心理学、行为科学、社会学等领域的知识出发，把底层的学习规律和心理规律描述出来，让你了解学习背后的奥秘，从而提升你**学习的内动力、专注力、自控力，提高情绪的积极性、稳定性和开放性**。一旦你掌握了这些核心能力，就能结合自己的学习场景，主动化解

---

① 《认知驱动》出版于 2021 年，是《认知觉醒》的姐妹篇。

学习过程中遇到的各种问题。

相信你读了本书之后，一定会有豁然开朗之感，但我建议你不要因为这种感觉而止步于阅读本身。你最好把它当成一本工具书，时常回顾、思考和实践，直到自己发生真正的改变。为此，我还为本书专门配备了**"场景式行动清单"**，希望能助你顺利地行动起来。

同时，我也建议你从第一章开始依次往后阅读，因为一些基础概念会像插塑积木一样慢慢呈现具体形态，如果一开始就随机跳读，你可能会因为缺失背景信息而无法深入理解本书的内容。

另外，书中涉及的读者案例均来自真实的读者提问和反馈。如果你读完本书仍有不明白的地方，也可以到我的公众号"清脑"去留言提问，我会尽力为你答疑解惑。

最后，本书虽然主要面向青少年，但它的受众其实非常广。它不仅适合中小学生阅读（建议小学四年级以上的同学在老师或家长的辅助下阅读），大学生、老师和家长也可以看，甚至离开学校后的终身学习者也可以使用。即使你之前读过《认知觉醒》和《认知驱动》，也依然可以从这本书中得到更为清晰和系统的学习方法启示。

学习能力是一个人的根本能力。在这个终身学习的时代，无论你正在校学习，还是已经毕业，这本书都能成为你提升成绩或终身学习的力量支撑。

目录

下篇

学习的心法

上篇

学习的技法

第一章

大脑——学习的基石

第一节
三个大脑：学习，从认识自己的大脑开始

从小学起，我们就开始学习了。哦，不！更准确地说，从出生的那一刻起，我们就开始学习了。

在生命之初，我们倾听声音、观察世界、模仿行为；长大后，我们学习数学、背记课文、练习音乐……而这一切的发生，全因我们有一个神奇的大脑。

但是，你是否想过一件事？

那就是我们会用大脑去学习这个、学习那个，却似乎从来没有学习过大脑自身是如何运作的。我们一直在凭经验使用它，却从来没有看过它的"使用说明书"。

对我们每个人来说，大脑就像一个"黑箱子"。我们既不清楚它的组成和构造，也不知道它的特点和规律。所以，在学习这件事上，我们多少有些盲目，以致不可避免地遇到类似下面的困惑：为什么自己很努力，却没他人学得好？为什么自己总是分心走神，学习效率低下？为什么自己明明想学习，却总是忍不住去娱乐，等等。

如果现在有人给你一把钥匙，让你有机会窥探黑箱子里的秘密，我想你一定会迫不及待地打开它，然后想办法从中找到

解决那些困惑的方法，让自己在学习方面拥有更多优势。

　　幸运的是，本书就是这把钥匙。现在，就让我们一起开启黑箱子，对自己所拥有的这个神秘的大脑一探究竟吧。

三个大脑

　　你一定记得《伊索寓言》中"农夫与蛇"的故事吧。

　　故事是这样的：一位农夫在寒冷的冬天发现路边有一条冻僵的蛇，他心生怜悯，把它放到自己怀里，用身上的热气温暖它。蛇苏醒后非但没有感恩农夫，反而咬了他一口。农夫临死前后悔地说："我怜悯恶人，我该死，应该受报应。"

　　很可惜，如果这位农夫懂得一些大脑知识，他就不会犯如此低级的错误了，因为我们人类的大脑构造与蛇是完全不同的——我们人类有"三个大脑"①，而蛇只有"一个大脑"。

　　这个说法一定会让你很困惑。别着急，让我们一起来了解一下大脑的进化历程，你就明白这是怎么回事了。

　　起初，地球上并没有生命。但在数十亿年前，远古的海洋中出现了一些"复制子"，在进化的力量下，它们逐渐成为单细胞生物，接着又演化为动物、植物和微生物等，之后动物这条分支进化成各种原始鱼类，遍布大海。

　　约 3.6 亿年前，它们开始向陆地进军，地球进入属于爬行动

---

① 20 世纪 50 年代，美国神经生理学家保罗·麦克莱恩博士在其著作《进化中的三层大脑》（*The Triune Brain in Evolution*）中提出了著名的"三脑理论"。

物的时代。为了适应陆地生活，爬行动物演化出了最初的"**本能脑**"。本能脑的结构很简单，只有一个原始的反射模块，可以让爬行动物对环境快速做出本能反应，比如遇到危险就战斗或逃跑，遇到猎物就捕食，遇到心仪的异性就追求等。爬行动物既没有情感也没有理智，体温随外界变化的特性也让它们无法在寒冷的环境中活动，但依靠这种简单的本能反应，它们不仅生存了下来，一些动物还活到了我们这个时代，比如鳄鱼、蜥蜴、蛇等。所以很多学者把本能脑也称为原始脑、基础脑、鳄鱼脑、蜥蜴脑，或者干脆叫爬行脑。

到了大约 2 亿年前，哺乳动物开始登场。它们为了更好地适应环境，不仅让体温保持恒定，还进化出了情绪。有了情绪的加持，哺乳动物就能在恶劣的环境中趋利避害，大大提升其生存优势，比如恐惧情绪可以让自己远离危险，兴奋情绪可以让自己专注捕猎，愉悦情绪可以增强同伴间的亲密度，伤心情绪能引来同情者的关爱等。这也是为什么我们喜欢把猫或狗当成宠物，因为这些动物很容易和我们产生情感上的交流，懂得取悦和照顾我们。相应地，哺乳动物的大脑里也发展出一个独特的情感区域（边缘系统），脑科学家称之为"**情绪脑**"。在哺乳动物中，猴子经常被人类当作观察和实验的对象，因此情绪脑通常也被称作猴子脑。

直到距今约 250 万年前，人类才从哺乳动物中脱颖而出，在大脑的前额区域进化出了"新皮层"。这个新皮层直到 7 万~20 万年前才真正成形，成为一个无与伦比的脑区，它让我们产生语言、创造艺术、发展科技、建立文明，从此在这个星球上占据了绝对的生存优势。人类沉迷于自己独有的理智，所以把这个新的脑区称为**"理智脑"**，当然，也有人喜欢称它为理性脑或思考脑（见图1-1）。

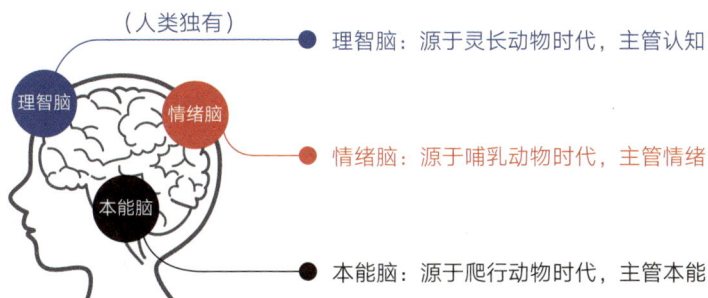

图1-1 人类的"三个大脑"

现在，让我们回到"农夫与蛇"的故事。我想你一定明白为什么那条蛇会"反咬一口"了，因为它的大脑里根本就没有发达的情绪脑，不知感恩为何物，所以只会依据本能行事，遇到危险要么战斗，要么逃跑；而愚昧的农夫竟然以为蛇和人类一样有善恶之心，会知恩图报，结果使自己命丧黄泉。

可见我们人类与这个世界上的其他动物已经迥然不同，在我们的大脑里，由内到外至少有"三个大脑"：年代久远的本能脑、相对古老的情绪脑和非常年轻的理智脑。

但大多数人并不知道这些，只是凭感觉认为这个世界上所有的动物都只有一个大脑，而人类仅仅比它们聪明一点。这种错误的认知使我们像那个救蛇的农夫一样，经常做一些愚蠢的事情。

高低之分与权力之争

很显然，我们的大脑并不是预先设计好的，而是由不同年代的模块"堆砌"而成的，就像一台七拼八凑组装出来的电脑，主板是老的，显卡是旧的，中央处理器却是新的，所以它们在一起工作时必然会出现很多兼容问题。

令人欣慰的是，高级的理智脑是我们人类所独有的，它使我们富有远见，善于权衡，能立足未来获得延迟满足[①]，从这个角度看，本能脑和情绪脑确实要低级些。不过我们若是因此而沾沾自喜，未免高兴得太早了，因为**理智脑虽然高级，但比起本能脑和情绪脑，它的力量实在是太弱小了**。细数起来，理智脑弱小的原因至少有以下四个。

第一，从出现的年代看，本能脑已经有近 3.6 亿年的历史，情绪脑有近 2 亿年的历史，而理智脑出现的时间只有约 250 万年。如果把本能脑比作 100 岁的老人，那情绪脑就相当于一个 55 岁的中年人，而理智脑则好比一个不满 1 岁的宝宝。可想而知，这个宝宝再聪明，若是在两个成年人面前，也会显得势单力薄（见图 1-2）。

---

① 延迟满足，指的是人们甘愿为更有价值的长远结果放弃眼前愉悦的抉择取向。与之相反的是即时满足。

约250万年 理智脑 （不满1岁）

约2亿年 情绪脑 （55岁）

约3.6亿年 本能脑 （100岁）

远古 ◄-------- 🕐 --------► 现代 （相当于人类年龄）

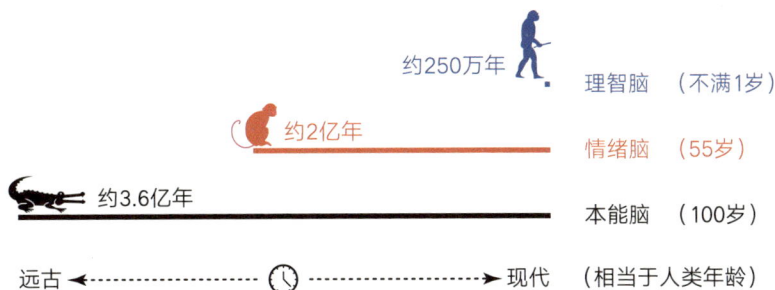

图 1-2 "三个大脑"的年龄类比

第二，"三个大脑"发育成熟的时间不同。本能脑早在婴儿时期就比较完善了，情绪脑则要等到青春期早期才趋于完善，而理智脑最晚，要等到成年早期才基本发育成熟。如果不需要准确的数字，我们大致可以认为它们分别在 2 岁、12 岁、22 岁左右发育成熟，算起来各阶段时间相差约 10 年，所以在人生的前 20 年里，我们总是显得心智幼稚不成熟。在校学习的同学们正好处于这个阶段。

第三，我们的大脑里大约有 860 亿个活跃的神经元细胞，而本能脑和情绪脑拥有近八成，所以它们对大脑的掌控力更强。同时，它们距离心脏更近，一旦出现紧急情况，可以优先得到供血，这也是为什么当我们极度紧张时往往会感觉大脑一片空白，这是因为处于最外层的理智脑缺血了。

第四，本能脑和情绪脑虽然看起来比较低级，但它们掌管着潜意识和生理系统，时刻掌控我们的视觉、听觉、触觉……调控着我们的呼吸、心跳、血压……因此其运行速度极快，至少可达 11 000 000 次 / 秒，堪比当今世界上运行速度最快的个人计算机；而理智脑的最快运行速度仅为 40 次 / 秒，相比起来简直弱极了，并且理智脑运行时非常耗能。如果你第一次听说这些，肯定会感到惊讶。

种种迹象表明，理智脑对大脑的控制能力很弱，所以**我们在生活中做的大部分决策往往来自本能和情绪，而非理智。**当然，不管是何种因素影响我们做出决策，初衷都是让我们好，只不过本能脑和情绪脑的决策往往与现代社会脱节，因为它们以为自己还处于原始社会。

这也可以理解，毕竟亿万年来我们的祖先一直在危险、匮乏的自然环境中过着"狩猎与采集"的生活，对他们来说最重要的事情莫过于生存。为了生存，他们必须借助本能和情绪的力量对危险做出快速反应，对食物进行即时享受，对舒适产生强烈欲望，才不至于被吃掉、被饿死。

同样，为了生存，原始人还要尽量节省能量，像思考、锻炼这种耗能高的行为都会被视为对生存的威胁，会被本能脑排斥，而不用动脑的娱乐消遣行为则深受本能脑和情绪脑的欢迎，毕竟在原始社会中，若不节省能量、及时行乐，说不定哪天就被野兽吃掉了。

可见，本能脑和情绪脑的基因一直被生存压力塑造着，所以它们的天性自然成了**目光短浅、即时满足。**又因它们主导着大脑的决策，所以这些天性也就成了人类的默认天性。

然而社会的发展突然开始加速了。约 1 万年前，人类开始进入农业社会；约 300 年前，人类进入工业社会；约 50 年前，人类进入信息社会。这种变化对于古老的本能脑和情绪脑来说，简直就像一瞬间发生的事情，它们根本没有反应过来。它们突然不再需要为了基本生存发愁，舒适和娱乐又唾手可得，这让它们无所适从。我们今天虽然西装革履地坐在钢筋混凝土建造的大楼里学习、工作，但本质上依旧是那个为了生存而随时准备战斗、逃跑或及时享乐的"原始人"。

由于进化之手还未来得及完全改造我们，这些在远古社会具有生存优势的天性，在现代社会反而成了阻碍，甚至可以说，我们当前遇到的几乎所有与学习、成长有关的问题都可以被归结到目光短浅、即时满足的天性上，不过在现代社会，用**避难趋易**和**急于求成**来代指它们显然更加贴切。

- 避难趋易——只做简单和舒适的事，喜欢在核心区域周边打转，待在舒适区内逃避真正的困难；
- 急于求成——凡事希望立即看到结果，对不能马上看到结果的事往往缺乏耐心，非常容易放弃。

所以，一切都明了了。我们抗拒学习，并不是因为愿望不够强烈，也不是因为意志力不足，而是因为默认天性太强大。我们明知道学习很重要，但背后仿佛总有人怂恿我们再玩一会儿；我们明知道沉迷手机不好，但手和眼睛就是无法从上面挪开……每次理智脑与本能脑、情绪脑对抗的时候，败下阵来的总是理智脑，甚至有时候它还没来得及启动，身体就已经被本能和欲望"劫持"了。

为了更好地理解这一点，我们可以把大脑看作一个公司。本能脑和情绪脑是公司里的员工，一个资历很老，一个年富力强，但他们都没什么文化，也没什么事业心，只在乎眼前的舒适与安逸，而理智脑则是这个公司的经理，他富有远见且身居高位，但因为太年轻，所以没有威信，做出的决策经常被两位老员工藐视。这样的大脑构造导致我们总是陷入**"明明知道，但就是做不到；特别想要，但就是得不到"**的怪圈，比如：

- 明知道学习重要，转身却掏出了手机；
- 明知道跑步有益，两天后就没了下文；
- 明知道要事优先，却成天围着琐事转；
    ……

不仅如此，一旦老员工掌控了公司的局面，他们还会经常迫使经理为他们糟糕的选择做出合理的解释——谁让你那么聪明呢，那你说说为什么我这么做是正确的！而弱小的经理也只好乖乖就范。

- 这会儿也看不了几页书，不如玩会儿游戏轻松一下。
- 最近天气不好，不宜跑步，还是过几天再跑吧。

- 今天先玩吧，明天一定加倍学习，把今天浪费的时间补上。

……

这样，整个公司才显得和谐，大家在一起才不会尴尬。事实上，理智脑很少有主见，**大多数时候我们以为自己在思考，其实都是在对自身的行为和欲望进行合理化**，这正是人类被称作"自我解释的动物"的原因。

学习能力是三个大脑博弈的结果

说到这里，你一定意识到了，提升学习能力的关键就在于让我们的理智脑尽快变强。只要理智脑强大了，我们就能克服天性带来的阻力，就能立足长远、保持耐心、抵制诱惑，在学习之路上大步快跑。

当然，克服天性带来的阻力并不意味着要抹杀本能脑和情绪脑，事实上也抹杀不了，它们三位一体，缺一不可。换个角度看，也没有必要抹杀，因为**本能脑强大的运算能力和情绪脑强大的行动能力，都是不可多得的宝贵资源**，只要深入了解，循循善诱，就能为己所用，甚至这些力量还是我们提升学习能力和成绩的关键。

同样，让理智脑变强也不是为了对抗或取代本能脑和情绪脑，因为用力量对抗无异于用一方的短板去挑战另一方的强项，注定是没有出路的。很多人在学习的过程中感到极度痛苦，就是因为他们总是用意志力去对抗本能和情绪，最后把自己搞得精疲力竭，却收效甚微。

为了避开这种误区，我们一定要记住：**理智脑不是直接干活的，干活是本能脑和情绪脑的事情，因为它们的"力气"大；上天赋予理智脑智慧，是让它驱动本能和情绪，而不是直接取代它们。**

就像我们大脑里的那位经理，他的职责既不是开除两位员工，也不是与他们对抗，更不是亲自上阵、包揽一切，而是学习知识，提升认知，运用策略，对两位老员工既尊重、包容又巧妙驱动，通过各种办法让他们开开心心地把活干了，最终使大脑这个"公司"团结和谐，欣欣向荣。

本节要点

1.人类的大脑由本能脑、情绪脑、理智脑组成。本能脑和情绪脑没有智慧，但力量强大；理智脑拥有智慧，但力量弱小。

2.人类有目光短浅、即时满足的天性，这在现代社会体现为避难趋易、急于求成。

3.虽然本能脑和情绪脑没有智慧，但它们拥有强大的运算能力和行动能力，只要理智脑学会驱动它们，我们就可以轻松走上学习之路。

第二节
获取耐心：耐心，是无坚不摧的学习品质

你一定幻想过自己有超能力。

比如，某天你突然成为学霸，从此能轻松学会各种知识和技能，不仅每次能考第一名，而且才艺样样精通，在老师和同学们面前出尽风头，就像武侠小说里的普通少年经历一番奇遇后，轻松练成神功，然后过关斩将，做出一番成就。

如果被我说中了，不要不好意思，因为我也做过这样的白日梦。事实上，不仅你和我，这个世界上几乎所有人都会这样幻想，因为每个人的基因里都有**避难趋易和急于求成**的原始天性，所以每当遇到足够大的压力和困难时，人们都会不自觉地对那种不用付出巨大努力就能瞬间获得超强能力的快感心驰神往。

越是学习吃力的人越喜欢这样幻想，因为他们更希望得到解救。可惜幻想再美好也不会成真，幻想过后，我们依然要回到现实去面对真实的学习规则：要想成绩出众，必须保持耐心，不能急于求成。

但是，从小到大，从来没有人告诉过我们耐心到底是什么，怎样才能有耐心。我们只是一次又一次地被教导："要保持耐心！不要猴急！不要三心二意！"以至于人们对耐心这个概念的理解

普遍倾向于忍受无趣、承受痛苦、咬牙坚持、硬扛到底。总之就是用意志力去对抗——如果做不到，只能说明自己意志力不强。

然而真相根本不是这样的。我们对耐心的理解过于肤浅，以致大部分时间都在痛苦中挣扎。

看看那些缺乏耐心的人吧。他们总想在很短的时间内就学会一样东西，比如练习三五天就要看到效果，行动 21 天就想养成一个习惯……一旦在短时间内看不到进步，他们就开始热情锐减、自我否定，然后马上放弃。他们总觉得自己只要想学就一定能学成一样东西，所以满脑子都是欲望，既想学这个，又想学那个，结果因为目标太多导致哪个都坚持不下去。他们还热衷于制订学习计划，因为"完美"计划出炉的那一瞬间，他们心里会极度满足，就像自己已经完成了一样，但没过几天，那计划可能就无疾而终了。他们喜欢到网上寻找各种学习方法，似乎拥有这些方法就可以让别人对自己刮目相看，但这种寻找捷径的心态反而让自己变得更加浮躁，因为他们无法忍受正常进步的速度。他们看到其他同学进步时会变得非常焦虑，只好给自己"打鸡血"，发誓一定要在很短的时间内逆袭超越，结果越学越焦虑……

总之，他们**总想同时学很多东西，还要马上看到结果，还想不经历学习的过程**，这样的心态注定他们的学习成绩平平。如果一个人的耐心水平始终处于这种程度，那么他的学习生涯将始终暗淡无光，所以我们一定要补上这一课，让自己真正拥有无坚不摧的学习品质。

缺乏耐心，是人类的天性

关于这一点，我们已经在本章第一节达成共识：缺乏耐心根本不是什么可耻的事，和自己的道德品质也全无关系，这仅仅是人类的天生属性罢了，每个人都一样。如果你觉得这些共识仍有些虚无，那不妨再观察一下身边的婴儿、孩子和成人。

婴儿刚出生时，理智脑的作用极其微弱，全靠本能生活。出生 6 个月之内的宝宝会认为自己是全能的，整个世界会随着自己的意念而动，这可谓最强烈的即时满足；几岁的孩子可以瞬间切换笑脸和哭脸，得到满足就立即欢笑，不满足就马上暴怒，他们毫不掩饰自己即时满足和耐心不足的特性；等到上学后，随着理智脑的发育和学识的增长，他们的耐心开始变得越来越强，小学、中学、大学时呈现明显的不同；成年后，其生理机能趋于稳定，但此时若停止自我探索，保持耐心的能力可能会永远停留在当时的水平，甚至倒退。如再仔细观察，我们不难发现，**学校里的学霸通常是那些更能克服天性的人，他们的耐心水平更高，延迟满足的能力更强。**

无论从历史、现实考量，还是从生理角度看，一切关于耐心的线索都指向了理智脑这块人类独有的前额皮质——了解这一点，对于提升学习能力意义重大。当然，仅仅了解这些还不够，我们还需要进一步观察大脑的其他特性。

学习无法速成

我们对学习缺乏耐心，很多时候是因为我们不了解大脑的学习机制，在这方面，我们每个人似乎都有很大的盲区。

在科学家看来，无论学习知识还是技能，**其本质都是大脑中的神经元细胞在建立连接**。用神经科学的术语解释就是，通过大量重复学习或练习，大脑中两个或多个原本并不关联的神经元受到反复刺激后产生了强关联。**所以，这个过程在初期必然是非常缓慢的，因为它们之间还没有形成顺畅的通路。**但只要持续学习或练习，这些连接就会越来越多、越来越强，最终形成一张高效的网络，使自己在某天开始加速并突破。

这一点不难理解。当我们还不会骑自行车的时候，看别人骑，会觉得那并不难——只要手把方向，双脚交替踩踏就可以了。然而真到了自己骑的时候就不是那么回事了——重心左摇右晃，方向左摇右摆，速度快不起来，害怕摔倒，紧张得厉害……这是因为我们还没有进行足够多的练习，大脑中相关的神经元也没有受到过足够多的刺激并产生强关联，所以，即使我们能轻松理解骑自行车是怎么回事，但这项技能自己实际并未掌握。直到我们学会这一技能，再经过无数次的日常运用，大脑中相关的神经元连接才会变得异常牢固，我们才会真正掌握骑车这项技能。

学习知识也是如此。要想记住一个陌生的单词，我们就得反复读、反复写、反复用，有时可能稍微隔几天没用，对这个单词的印象就会变得模糊。原因就是它在大脑中的神经元关联还不够牢固。

知晓这个原理意义重大，因为它至少可以给我们两个启示。

一是在学习或练习的初期，我们做不好或一时看不到进步是很正常的。此时一定要提醒自己保持耐心，不要盲目责备或否定自己，要多给自己鼓气，给大脑中的神经元更多关联的机会和时间，坚信它们一定会越来越强。

二是没有人是学不会、学不好的。因为大脑具有可塑性，只要给它足够的时间，或我们更努力，大脑中的神经元通路一定可以变得更加顺畅。很多学习不好的人总觉得自己比别人笨，认为自己的脑子不好使，认为自己天生就不是学习的料，这种观念显然是错误的。只要遵循正确的方法，暂时落后的人也有逆袭和改变的机会。

以上是学习在大脑中的微观规律。如果我们把视线放到学习的整个过程中，会发现学习还有另一个有趣的规律，那就是学习具有**平台期。这个规律表明，学习进展和时间的关系并不是我们想象中的那种线性关系（学多少是多少），而是呈现一种波浪式上升曲线**（见图1-3）。

几乎任何学习都是这样，刚开始的时候进步很快（因为基础知识相对简单），然后速度会变慢，进入一个平台期。在平台期，我们可能付出了大量的努力，但看起来毫无进步，甚至可能退步，不过这仅仅是一个假象，因为大脑中的神经元细胞依旧在发生连接并被不停巩固，到了某一节点后，就会进入下一个快速上升阶段。

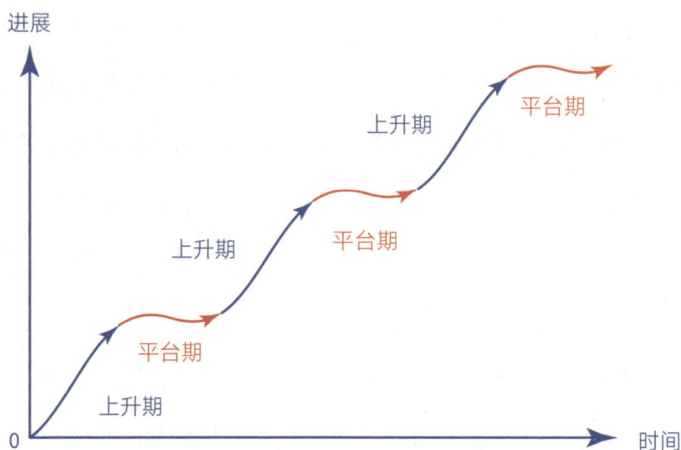

图 1-3　学习曲线

　　比如在学习英语的过程中，建立一个新的语言"过滤器"，通常需要 6 个月才能突破平台期。很多人并不知道这个规律，坚持了 5 个月，发现自己没有进步，就摇头放弃了。这样的做法真的很可惜，因为好不容易建立起的神经元连接会在放弃练习后弱化、消失，下次学习就得重新开始。而那些坚持用英语"熏耳朵"的人，往往会在某一天突然发现，原来听不懂的英语好像都能听懂了，这就是突破平台期的典型表现。我猜每个人在生活中都有过这样的体验。

　　当我们清楚了上述规律后，就能在起步遇挫或暂时坚持无果时做出与他人不同的选择：有人选择放弃，而我们继续坚持。同时，我们不会因自己进步缓慢而沮丧，也不会因别人成长迅速而焦虑。毕竟每个人所处的学习阶段不同，只要继续坚持，我们就能达到同样的水平。从这个角度看，**耐心不是毅力带来**

的结果，而是具有长远目光的结果。

能力无法速成

在学习的世界里，还有一个非常重要的规律——**舒适区边缘**。它揭示了能力成长的普遍法则：**无论个体还是群体，其能力都以"舒适区—拉伸区**[①]**—困难区"**[②]**的形式分布，要想让自己快速进步，必须让自己始终处于舒适区的边缘，贸然跨到困难区会让自己受挫，而始终停留在舒适区会让自己停滞**（见图1-4）。

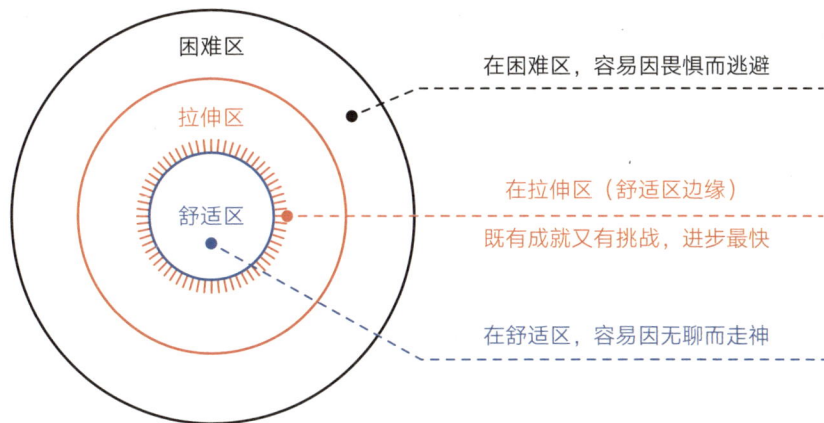

图1-4　在舒适区边缘扩展自己的学习范围

人类的天性却正好与这个规律相反。

---

① 拉伸区是指一个人的知识和技能从已知到未知、从熟悉到陌生的过渡区域。
② 能力圈模型源于世界知名领导力变革专家诺尔·迪奇的行为改变理论。

我们在欲望上总是急于求成。比如我们总想一口吃成个大胖子，既想学这个，又想学那个，还想学得多、学得快、学得难，这种心态必然会让自己在困难区终日受挫。

我们在行动上总是避难趋易。比如一些同学表面上看起来很用功，整天学习，仿佛从不休息，努力到感动自己，但学习成绩却始终平平，因为他们看起来好像很有耐心，实际上只是在舒适区内打转，重复地做着那些不用动脑的事情，对真正的核心困难绕道而行。

如果我们能学会在舒适区边缘努力，那么收获的效果和信心就会完全不同，因为舒适区边缘是既有成就又有挑战的区域，也是进步最快的区域。至于如何在舒适区边缘努力，我会在本书第五章详细介绍。你暂时不理解也没有关系，只需先记住它。总之，这个规律非常重要，是我们化解学习困难的核心要领。

怎样拥有耐心

拥有耐心并非难事。其实，知道大脑构造和学习规律的这些知识，我们的耐心水平就已经在无形中提升了很多。但这远远不够，我们还需要寻找更多的路径去增强它，比如以下这些。

第一，面对天性，放下心理包袱，坦然接纳自己。

当我们明白缺乏耐心是自己的天性时，就坦然接纳吧！从现在开始，对自己表现出的任何急躁、焦虑、不耐烦，都不要感到自责和愧疚，一旦觉察自己开始失去耐心了，就温和地对自己说："你看，我身体里那个原始人又出来了，让他离开丛林到城市生活，确实挺不容易的，要理解他。"只要你温和地与自己对话，"体内的原始人"就会愿意倾听你的意愿。当然，培养耐心的过程可能比较长，不要指望一下子就能很有耐心。如果对自己不能立即变好这件事感到焦虑，这本身就是缺乏耐心的表现。培养耐心要从接受自己缺乏耐心这一事实开始。

第二，面对诱惑，学会延迟满足，变对抗为沟通。

舒适和诱惑是本能脑与情绪脑的最爱，完全放弃舒适和诱惑就相当于和本能脑、情绪脑直接对抗，很显然，理智脑根本不是它们的对手，失败是迟早的事。明智的做法是和它们沟通，这也是理智脑最擅长的。就像上面自己和自己对话一样，温和地告诉它们："该有的享受一点都不会少，只是不是现在享受，而是在完成重要的事情之后。"这是一个有效的策略，因为放弃享受，它们是不会同意的，但延迟享受，它们是能接受的。

以写作业为例。每次回到家，你可能都想先放松一下再写作业，但一放松就很可能会松上半小时，结果写作业时很难进入状态，就连玩的时候也会因为还有作业没完成而不能尽兴。所以，你进家门前，不妨用一分钟的时间和自己对话："暂时忍耐一下，先做作业，之后再给自己专门留半小时或一小时，怎么玩都行。"通过自我沟通和引导，本能脑和情绪脑产生了安全感，通常它们就舍得放手让理智脑插个队。

这种"后娱乐"的好处是，将享乐的快感建立在完成作业后的成就感之上，很放松，也踏实，就像一种奖赏；而"先娱乐"虽然刚开始很快活，但精力会无限发散，拖延学习任务，随着时间的流逝，人也会空虚、焦虑。

多次体验之后，身体里的原始人也会倾向于支持"后娱乐"，毕竟这样更舒适。如果你养成习惯，优先完成作业后产生的满足感也可能取代娱乐带来的直接快感——既然有高层次的享受可选，你对低层次的享受自然就不那么想要了。

当然，习惯养成之路绝不像我讲的这么轻松，有时候，那种"不玩不舒服"的冲动实在是太强烈了。怎么办？策略依旧是和自己对话："就玩一下，5分钟，时间一到马上结束。"不要强行对抗，也不要自责，让冲动适当缓解一下也很有效。

耐心的养成就是这样，不能急于求成，允许自己缓慢地改变，甚至经常失败。无论结果如何，和自己对话都会产生效果。

第三，面对困难，主动改变视角，赋予学习意义。

同样是学习，为什么有的人三天打鱼两天晒网，而有的人却能够持之以恒呢？除了之前提到的各种规律，还有一个重要的原因是他们看待学习的视角不同。比如，在一些人眼里，学习可能只是作业和考试，是不得不完成的任务，但在另一些人眼里，学习可能是一种追求和挑战，甚至是一种享受。所以，要想办法看清学习的意义和好处[1]，你看到的维度越多，耐心就会越强。

事实上，这还不是最高级的方法，你肯定想不到**最高级的**

---

[1] 相关策略参见第六章第一节。

方法是请本能脑和情绪脑出动来解决困难。

是的，你没有听错！本能脑和情绪脑确实畏惧困难，只会享乐，但谁说它们不能从困难的事情中感受到乐趣呢？对本能脑和情绪脑来说，它们根本不在乎你是在玩手机还是在解方程，它们只在乎是否舒服。科学家废寝忘食地沉迷于研究，是因为他们真的乐在其中；跑步者风雨无阻地迈腿奔跑，是因为他们自己不愿意停下，他们正舒服着呢！

所以，想办法让本能脑和情绪脑感受到困难事物的乐趣并上瘾，才是理智脑的高级策略[1]。学会释放本能脑和情绪脑的强大力量，我们就会无往不胜！

本节要点

1. 缺乏耐心是人类的天性，我们要坦然接纳，不要盲目自责。

2. 学习的本质是大脑中的神经元细胞建立连接的过程，在初期，其发展必然是缓慢的，不要因为一开始学不好就否定自己、轻言放弃。

3. 学习的进展和学习时间并不是学多少是多少的线性关系，它有"平台期"，呈现波浪式上升曲线。

4. 学习能力以"舒适区—拉伸区—困难区"的形式分布，在舒适区的边缘努力，体验最佳，进步最快。

5. 学会和身体里的"原始人"对话，这样，我们的自控力就会增强。

---

[1]　相关策略参见第四章第一节和第五章第三节。

第三节

7个小球：想进步，先修大脑的高速公路

　　随着探讨的深入，我相信你对理智脑的了解已经越来越多了，特别是在第二节，我们还把它比作一个可以和自己对话的小人。

　　这个比喻非常形象。事实上，人类的"三个大脑"都可以被看作大脑里的小人，只不过我们平时称呼它们的时候只用"两个小人"——**"原始小人"和"现代小人"，或者"情绪小人"和"理智小人"**。

　　这样分类是有原因的。一方面，本能脑和情绪脑都很古老，它们的特性也很相似（力量强大但缺少智慧），所以我们把它们统称为"原始小人"；另一方面，由于我们能感知到并主动施加影响的只有情绪脑和理智脑，所以用"情绪小人"和"理智小人"来描述大脑的工作情况更为准确。

　　为什么我们很难对本能脑施加影响呢？因为本能脑是基础，它无须意识的参与就能自动运行。如果你不理解这句话，不妨想想我们睡觉的场景。当我们睡着的时候，我们的意识和情绪都会"关闭"，但此时呼吸、心跳等都会自动进行，而这些功能都是由本能脑控制的。

　　可见，本能脑属于潜意识的范畴，它不在意识的掌控范围

之内。如果非要对它做点什么，那大概就是在遇到紧急情况时主动提醒自己进行**深呼吸**，因为这个动作可以让大脑平静下来，脱离"战斗或逃跑"的本能控制，让理智脑恢复掌控。

7 个小球

关于本能脑的知识，先"插播"到这里，现在让我们回到本节的主角——理智小人身上。作为我们学习的主体，理智小人用于学习的工具是什么呢？答案是"工作记忆"。

所谓工作记忆，就是在大脑中对正在处理的信息进行瞬时及有意识加工的这部分记忆，简单来说就是理智脑可以使用的脑力资源。人类的大脑看起来很厉害，但意识所能处理的信息数量并不多，大概只有 7±2 个[①]，有的人多些，有的人少些，但都在 7 个左右。

如果你是第一次听说这个理论，可能会怀疑我在胡说八道，不过我不需要阐述科学原理也能让你信服。不信的话，你可以尝试记住一些无意义的数字或不熟悉的物品名称。在短期内，你通常只能记住 7 个左右，多了就记不住了。同样，在生活中，你通常也只能同时记住六七件事；在工作记忆饱和的情况下，如果你又接收到一条新信息，那你只能移除一条旧信息。这就是为什么你明明想着去晾洗衣机里的衣服，但接到快递员的电话后，转眼就把晾衣服这件事给忘了，因为它已经被你从工作

---

① 该理论源于哈佛大学认知心理学家乔治·米勒于 1956 年发表的著名文章《神奇的数字 7±2：我们信息加工能力的局限》。

记忆中移除了。为了方便表述，我就以 7 为基准，就像一周有 7 天一样，我们可以想象**理智小人手里有 7 个小球**，它们代表我们的脑力资源。

其实同为人类，大家的脑力资源配置都差不多，没有谁的大脑更加特殊，但不同的人在脑力资源的使用上确实有差异。不难想象，成绩好的人的真正优势在于他们能够长时间让大脑中的 7 个小球同时关注一件事情，以保证高质高效地学习，而一些人之所以成绩不好，很可能是因为其大脑中一个球在播放背景音乐，一个球在想晚上吃什么，一个球在担心即将到来的考试……真正用于学习的小球或许只有三四个。而且，那些不学习的小球还可能干扰或压制正在学习的小球，这就可能造成 7 - 3 < 4 的效果，而成绩好的人的小球集中配合，可能产生 4+3 > 7 的效果。你可以想想，日积月累，这种脑力差异会使人产生怎样的差距。

所以，**人和人之间的能力竞争，说到底就是脑力资源利用率的竞争，你能多开发一个小球的脑力，就多一点竞争力。**好在人与人之间的脑力差异并非不可逾越，只要我们继续观察大脑的特性，就可以调节和训练这 7 个小球。

调节小球

为了更好地理解以上内容，我们可以把大脑想象成一个房间，房间里有 7 个小球。仔细观察它们，你会发现有些小球非常"轻"，轻得像乒乓球一样在房间里来回跳动，混乱得很。因为这些小球代表那些脱离现实的思绪，比如一个不切实际的幻想、一个电视剧中的场景、一件很期待的事、一段不断循环的背景音乐……所以，很多人看上去是坐在那里学习，但他们脑中的杂念像热锅里的气体一样上下翻腾，心里只想那些轻松有趣的事，这种状态一定会让人心浮气躁，无法对学习保持专注。

你也会发现有些小球很"重"，犹如铁球一样沉在房间的某个角落。这些重量来自巨大的压力，比如作业堆积导致的心里发慌、单元测验带来的担忧害怕、对手超越引发的着急焦虑、他人误解造成的生气难过……这些沉重的情绪如同磐石一般压在大脑中，挥之不去。我们既无法驱散，又不愿触碰，于是不得不让它们长期占据自己的脑力资源，影响自己的学习。

一轻一重，其实都是期待、紧张、畏惧、担忧、害怕等情绪在作怪。因为**情绪脑缺乏智慧，它只能粗糙地将事情分为"喜欢"和"害怕"两种，然后对喜欢的事情沉溺其中，对害怕的事情不停地担忧并反刍**①。同时，**情绪的力量又很强大，它会严重影响理智脑的工作。**

对学习来说，保持平稳的情绪是最理想的状态，大喜、大悲等剧烈波动的情绪对学习都极为不利。事实上，**只要我们的注意力被某个巨大的事物吸引，我们的判断力、认知力、行动力和自控力都会下降。**这也是学校避免学生早恋的原因，因为

---

① 指人们过度、反复重温过往的负面经历和感受。

学生的注意力一旦被某个异性占据，那么他用于学习的脑力资源就会非常有限。无论双方的关系是好是坏，都不可避免地会干扰学习。所以，为了保持长久的学习竞争力，学生应该慎重对待学习期间早恋这件事。毕竟，如果一个人因为早恋而错失美好的未来，是得不偿失的。

正因如此，我们才会经常听到**"先处理心情，再处理事情"**这样的建议。

不过，处理这些情绪的方法倒也简单，只要把它们**"写下来"**就可以了。比如，你可以准备一个本子，在学习过程中察觉有杂念冒出来时，就用一句话把这个念头描述出来，然后问自己："*这个想法有意义吗？我现在想它有必要吗？*"你会发现这些想法通常是没意义和必要的，你也会意识到先专心学习是更好的选择，那些杂念完全可以事后再想，反正它们都被记下来了，跑不掉。

对于那些沉重的事情，你需要找个专门的时间把它们写下来，然后问自己："*我到底在担心什么、害怕什么、期待什么？*"只要你敢于正视，那些紧张、担忧、畏惧、害怕等情绪就会在清晰的观察下无处遁形，那些隐性的压力也就变得不那么令你伤神了，小球的重量自然也会减轻。

"写下来"的效果就是这么神奇，你一定要去试试。至于其背后的科学原理，我会在后文详细解说。我敢肯定，只要你了解了"写下来"的真正威力，一定会对这个习惯爱不释手。

除此之外，我们还能对脑中的"7个小球"做点什么呢？

一个很有效也很神奇的方法就是**凝神呼吸**。

训练小球

顾名思义，凝神呼吸就是在安静处进行闭眼深呼吸，过程中把所有的注意力都集中到呼吸和感受上。

你肯定很疑惑这种专注呼吸的活动怎么会与学习有关。但如果我把它比作大脑的"健身操"，相信你马上就会明白其中的奥秘——大脑通过这种活动可以同时训练 7 个小球做一件事。**坚持这种练习，我们就能养成专注的习惯，将专注变成无意识的行为，平时也能自动抑制思维离散，控制涣散的精神。**换句话说，"7 个小球"都能在需要的时候为我所用。现在，你终于知道这件看起来什么都没做、与学习毫无关联的活动，是如何使一个人变聪明的了吧？

我们平时学习各种技能，比如钢琴、游泳、体操等，都会提高相关脑区的神经元密度，促进脑细胞之间的信号沟通，但是这些练习一旦停止，神经元就会开始减少，而凝神呼吸带来的改变是持久的。

如果你平时不具备练习的环境和条件，那你可以有意识地让自己保持身心合一的状态。比如，跑步时，全力感受抬腿摆臂、呼吸吐纳或迎面的微风；睡觉时，全力感受身体的紧张与松弛；吃饭时，全力感受饭菜的味道，体会味觉从有到无的整个过程，不要第一口饭菜还没吃完就急着往嘴里塞第二口饭菜……这样的注意力练习也同样有效。

当然，你也许会问，一个人要是全神贯注地打游戏，是不是也能变聪明？答案是否定的。因为这一练习的关键在于**主动控制注意力**，而游戏是被动专注，是高刺激下的被动吸引。这种专注不仅没有好处，还会损害学习的专注力。包括放空大脑或胡思乱想，都无助于提升人的专注力。

凝神呼吸看起来很简单，但做起来并不容易，因为你会发现自己很容易分心走神，甚至几秒都坚持不了。但是没有关系，人们一开始都会经历这个过程，只要持续练习，我们的专注力自然就会越来越强。

归结下来，无论训练小球还是调节小球，它们的共同目的都是开发大脑用于学习的脑力资源。

人们常说："想致富，先修路。"其实学习也是如此——想进步，我们也要先修大脑里的"路"，而且要修"高速公路"。如果路修得好，我们还能在这条高速公路上拓出七条车道。

一个飞驰在七车道高速公路上的人，一定比那些在羊肠小道上的人跑得更快、更远。

本节要点

1. 大脑内部可以用"原始小人""现代小人"或"情绪小人""理智小人"来类比。

2. 理智小人手中有 7 个小球，它们是我们学习知识的脑力资源。

3. 小球极易受情绪影响，而"写下来"可以调节情绪。

4. 凝神呼吸是大脑的健身操，持续练习会令人自然专注。

第四节

一对翅膀：学习慢，是因为你还不会"飞"

现在，你已经知道理智小人手中有 7 个小球，但你知道他身后还有一对翅膀吗？

想想看，如果你的理智小人能振翅飞翔，那你在学习的道路上就能"飞"着前进，这将是种巨大的优势！可惜，绝大多数人意识不到自己有这对翅膀，更别说主动挥动它们了。如果你想唤醒自己的这对翅膀，那就随我继续探索大脑的高级功能吧。

一对翅膀

要想了解这对翅膀，我们还得从镜子说起。

假设在全世界的动物面前都放一面镜子，你猜会发生什么事？它们会认为镜子里的那个动物不是自己，而是另一个动物（人类和大猩猩除外）。但人类和大猩猩还不一样，大猩猩只能分辨镜子中的猩猩是自己，一旦把镜子拿走，它就无法想象另一个"虚拟的自己"了，因为它们的大脑只能关注现实中存在的东西。

而人面前的镜子即使被拿走，我们也可以从自我和当前的情境中脱离，设想"另一个自己"站在面前。而且，因为这个"自己"是我们想象出来的，所以他不受身体的束缚，可以"飞"到高处，甚至可以360°地围绕自己、观察自己，就像身上长了一对翅膀。这种跳出自身、从他处反观自己的能力，就是人类认识上的终极能力——**元认知**。

"万物之灵"的根源

你可能从来没听过"元认知"这个词，没关系，我们只需将它拆开，就可以理解了。

元，在汉语中有"头、首、始、大"的意思，即最高级别的，比如一个国家的最高领导人会被称为国家元首。元认知，就是最高级别的认知，**它能对自身的思考过程进行认知和理解**（见图1–5）。

听起来有些拗口，实际上，元认知能力就是我们习以为常、见怪不怪的**自我觉察和反思**能力。这种能力不仅为我们人类所独有，也是我们成为万物之灵①的根源。因为其他动物只能靠本能和情绪来生存，而人类不仅可以依靠理智来生活，**还可以通过理智来观察自己的思维活动，找出其中不合理的地方，然后改进优化，不断做出更好的选择。**

---

① 《尚书·泰誓上》中写道："惟天地万物父母，惟人万物之灵。"指人是世上一切物种中最有灵性的。——编者注

事物　　　　　　　　　　　　事物

对思考过程进行认知与理解

认知　思考过程　　　　　　　认知　思考过程

另一个自己

复制

自己　　　　　　　　　　　　自己

普通认知　　　　　　　　　　　　　　元认知

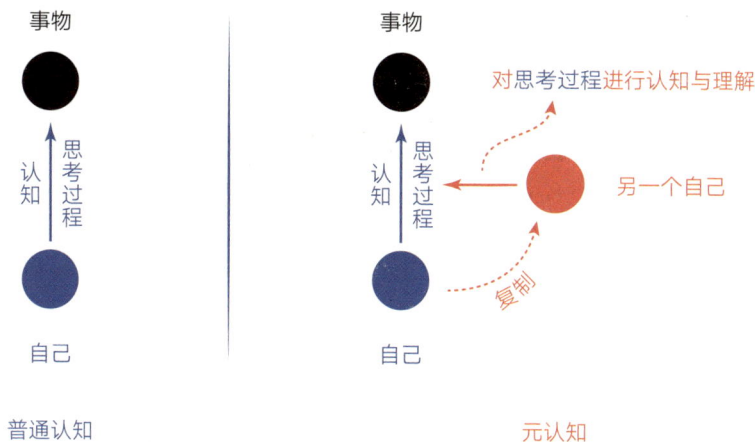

图 1-5　普通认知与元认知的区别

有了这种能力的加持，我们的认知能力和学习能力就可以快速进化，因为具备这种能力的思维就好比一把锤子，它不但能钉钉子，还能复制出另一把锤子来锤打自己。只要方法正确，时常修正，那么这把锤子就会进化成更高级的工具。

元认知能力并非默认开启的

可惜，这种能力并非默认开启的。

至少我们在人生的前 10 年里，很难成功开启它，因为我们的理智脑还未发育成熟，还不具备负责这部分功能的硬件条件。一个人需要长到 12 岁（小学六年级）左右才能慢慢具备主动的自我反省能力，而在此之前，人们只能从自己的视角出发理解一切事物，注意力也很容易被外界的事物牵引着走。

在此之后，事情虽然会慢慢发生变化，但这种自我察觉和反思的元认知能力却很少有机会得到锻炼，因为**我们的理智脑虽然在学校里进行了大量的锻炼，但锻炼侧重的是"学习、理解、记忆、运算"这些方面的能力，很少涉及"觉察、反思、审视、选择"方面的能力**。所以，很多人虽然学会了很多知识，但他们在自我觉察、自我控制、自我纠错、自我激励上非常被动，而这种被动会对学习产生巨大的阻碍。

可见，理智脑的学习能力分为两部分——普通的认知能力和高级的元认知能力。而后者就像一对隐形的翅膀，很少有人注意到它（见图 1-6）。

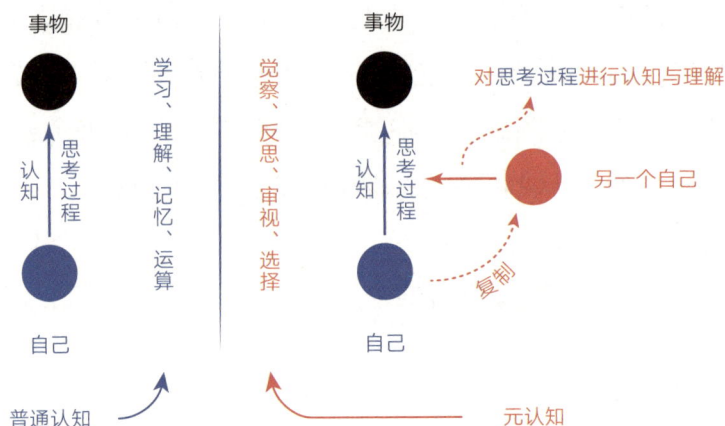

图 1-6　认知能力由普通认知与元认知组成

一个未开启元认知能力的人会无意识地顺着感觉和喜好行事，无论在生理上还是在精神上，都会不自觉地追求眼前那些舒适和简单的事。所以，他们的学习状态往往是这样的：在学习时很容易被外界事物诱惑吸引、经常分心走神而不自知；缺乏自控力，凡事喜欢从最轻松的部分开始；对学习中遇到的错误不敏感，考试成绩不好时只在当时难过一会儿，过后就会忘记；从不主动思考学习的意义，学习对他们来说就是外界要求的任务；情绪波动无常，一旦遇到矛盾就会怨天尤人，或沉浸在悲伤情绪里无法自拔……

他们似乎只有在迫不得已的情况下才会扇动翅膀，比如遭遇指责、批评时，才不得已去反思纠正；一旦回到顺境，依旧会顺着**"目光短浅、即时满足"**的本性生活，该懒散懒散，该拖延拖延，对自身行为的好坏毫无觉察。

开启元认知后的新世界

另一些人与之相反，他们会在没有威胁的情况下尝试练习扇动翅膀，让自己不断进化，彻底远离危险。当他们开启元认知能力后，生活和学习状态就会完全不同。这种不同至少体现在以下几方面。

首先，他们能主动控制注意力，不会被随机、有趣的信息随意支配。比如，他们能及时觉察到自己在分心走神，然后马上提醒自己把注意力拉回学习上来，就像身边有个人在监督他们一样；他们的注意力在遇到诱惑时不会轻易被干扰或被带跑，因为他们会问自己"什么事情更重要"，就像身边有个人在提醒他们一样。

其次，他们能及时审视自己的第一反应。比如，一般人遭遇批评、否定或责骂时，他们会本能地生气、解释或反驳，甚至会不假思索地"骂"回去。但元认知能力强的人能及时察觉这种内心反应，并留出时间对这种本能反应进行审视，比如，他们会站在对方的立场上看问题，试着把对方的观点和情绪分离，如果发现对方说得有道理，他们就引导自己关注对方正确的观点而不是糟糕的情绪，这样不仅可以使自己继续进步，还能使自己快速走出情绪旋涡；如果发现对方说得毫无道理，他们也不会本能地骂回去，而是选择自嘲一番或干脆一笑而过，毕竟实在没有必要和一个不讲道理的人较劲。

自然，这样的人在和别人说话时也会更加稳重。因为他们每次说话前都可能把想说的话在脑子里过一遍，想想这句话说出来后对方会有怎样的感受，这样就能避免不经思考的本能反应，使自己成为一个情商更高的人。而一个拥有良好人际关系、平稳情绪和开放心态的人，必然能为自己脑中的"7个小球"创造好的学习条件。

再次，他们能用未来视角审视现在。 比起一般人，元认知能力强的人更容易知道自己想要什么样的人生，知道什么事情更重要，也更容易解开眼前的困扰，因为他们经常站在未来审视现在，就像"另一个自己"飞到几十年后回头看现在的自己，他们知道自己不应该在无意义的事情上浪费时间。拥有这样的未来视角，他们自然不会陷入浑浑噩噩的生活状态，对生活和学习也必然拥有不一样的动力。

最后，他们总能在高处俯瞰全局， 不会一头扎进时间和行

动的细节里。元认知能力强的人更擅长抓住并思考那些少量的"关键时间"，从而让其他多数时间变得更有效率。比如他们习惯每天早上用 10 分钟来规划全天的安排，这样便可以让自己全天保持清醒，不会被无关的诱惑轻易带偏，就像"另一个自己"始终站在高处总揽全局，为自己导航；同样，他们也更愿意花"专门时间"去思考做一件事情的意义与好处，让自己产生不一样的动力，避免人云亦云，盲目跟风。

总之，开启元认知能力的人就像有了一个"灵魂伴侣"，无论何时何地，他都有一个**"理想中的自己"**在引领自己。这样的人一定比那些未摆脱本能和情绪掌控的人走得更快、更远，因为他们是"飞"着前进的。

所以，只要去实践，你就一定能发现元认知的更多应用场景和非凡效果。

如何获取元认知能力

事实上，只要你知道元认知能力的存在以及它的各种表现，你就已经在不经意间开启了这个能力。当你能感觉到另一个"理想中的自己"在身边陪伴时，你的元认知能力就会保持在线。

当然，一开始它可能不太稳定，会经常"掉线"，这是正常的，因为元认知能力的培养就像锻炼肌肉一样，需要耐心和时间，只要持续运用，它就一定会越来越强。

另外，常做以下几件事也会对提升元认知能力有巨大的帮助。

一是增强学识。毫无疑问，一个人掌握的规律越多，他就越有可能跳出无知的境地，做出更加正确的选择。

尤其值得关注的是脑科学和认知科学，这类知识是对我们自身行为模式的直接描述，学习它们相当于直接观察我们自己。正如当我们知道自己的大脑构成时，就能意识到自己体内其实有一个"原始小人"和一个"现代小人"，我们的一切行为表现其实都是它们博弈的结果，这样，我们就知道该如何指导那个"现代小人"取得胜利，从而让自己变得更强。

二是时常反思。一个从不反思的人一定会在同一个地方反复摔倒，这样的人无论在生活还是学习方面，进步都会非常慢。而一个擅长反思的人在遇到错误或问题后会主动复盘自己的思考过程，查找思维上的漏洞和不足，就像"另一个自己"回到了过去，在观察当时那个正在犯错的自己。

值得提醒的是，反思不能只在脑子里进行，一定要将过程"写下来"——不仅要写下事情的过程，还要查找原因并制定改进措施。只有这样，反思的效果才会深入，我们才有机会带着"注意点"去学习、去生活。

三是凝神呼吸。凝神呼吸的过程其实也是自我反观和控制注意力的过程。从本质上看，它和元认知是同一件事，所以练习凝神呼吸可以提升我们的元认知能力。

事实上，培养和运用元认知能力的方法远不止这些，但限于篇幅，我仅在此做初步介绍，后文中，我还会持续介绍元认知，你会发现元认知能力对我们学习的影响无处不在。

从更大的角度看，元认知能力也是我们人生觉醒的关键。**因为人有两次生命，一次是出生，一次是觉醒。而觉醒的标志，就是有一天你开始成为自己的思维舵手，开始主动掌控自己的思想和言行，追求自己的目标和使命，不再浑浑噩噩、随波逐流。**

本节要点

1. 人类有元认知能力，它能对自身的"思考过程"进行认知和理解。

2. 人类因此拥有自我觉察和反思的独特能力。

3. 开启元认知能力的人就像有了一个"灵魂伴侣"，无论何时何地，他们都有一个"理想中的自己"在引领自己。

4. 元认知能力的培养需要一个较长的过程，不要急于求成。

5. 一个人成为自己的思维舵手，他的人生觉醒就开始了。

第二章

清晰——学习的窍门

第一节
清晰：学习是一场消除模糊的比赛

在第一章，我们充分了解了大脑的基本构造、工作记忆、元认知等基础设施。有了这些背景知识，我们就可以正式进入学习方法方面的探讨了。本章我们讨论关于学习方法的第一个关键词——**清晰**。

"清晰"可以说是学习的基本窍门，掌握了它，我们就可以化解学习中很多常见的问题。不过，要想掌握这个窍门，我们需要先从下面的问题开始思考：机器人和人最大的区别是什么？

这个问题有很多答案，但在这个语境下，我想告诉你，机器人没有潜意识。因为它的每一个动作，包括转动"躯体"、弯曲"手指"、提高"说话"的音量等，在其"大脑"中都由精确的数值控制，一旦断电，机器人就会停止工作。但人不同，人若是晕厥、失去了意识，虽然会瘫倒在地，但心跳、呼吸、消化等功能并不会立即停止，因为它们受潜意识控制，除非物理死亡，否则潜意识永远不会消失。

如果和机器人一样，用数值控制每一块肌肉，调节每一种激素，处理每一个神经信号，那么人根本无法存活，因为即使是举手投足这种看似简单的动作，大脑需要处理的信息都是海量的。为了更好地生存，进化之手巧妙地采用了意识分层的手段，它让潜意识负责生理系统，让意识负责社会系统，如此分工，意识便得到了解放，可以全力投入高级的社会活动或学习活动。

这就是进化的力量。然而进化是一把双刃剑，意识分层在给人类带来巨大好处的同时也带来了副作用——**模糊**。因为处理各种信息的速度不对等，意识很难介入潜意识，而潜意识却能轻易左右意识（你肯定记得本能脑和情绪脑的运行速度至少可达 11 000 000 次 / 秒，而理智脑的最快运行速度仅为 40 次 / 秒），所以人们总是做着自己不理解的事，比如明明想去学习，结果转身就拿起了手机；明明知道有些担忧毫无意义，却总是忍不住陷入焦虑，就像身后有个影子，它能影响你，但你不知道它是什么，回头看去一片模糊。

这种模糊让人心生迷茫和恐惧，而迷茫和恐惧又使我们的学习、情绪和行动遭遇各种困扰，继而影响我们学习的状态。

从某个角度看，模糊就是学习的困扰之源。而学习更像一场消除模糊的比赛，谁的模糊越严重，谁就越落后；谁的模糊越轻微，谁就越领先。现在，就让我们从学习、情绪和行动三条赛道开始消除模糊，一起赢得这场比赛。

本节要点

1. 由于意识处理信息的能力非常有限，所以它接收到的信息都是经过潜意识过滤和筛选的。换句话说，我们身体所感知到的绝大多数信息都不会进入意识层面，意识和潜意识的差距就会形成模糊。

2. 模糊也源于原始小人"力量大但缺乏智慧"的特点，即原始小人只能粗糙地将一件事分为好与不好（这样做的好处是耗能少、反应快，有利于人在危险环境下生存），无法做更精细的分析，所以凡事都是模糊的。又因为原始小人的力量很大，所以人类大脑天生带有模糊的倾向，它需要现代小人的帮助才能变得更清晰、理智（这需要消耗更多的能量，过程也更长）。

第二节
学习清晰：有一是一，消除学习模糊

人类的大脑天生对新鲜事物感到好奇，但它不喜欢有压力的学习，特别是像学校里那些有考试的学习，它会本能地抗拒，因为这类事极其耗能。

在漫长的进化过程中，生命的首要任务是生存，于是，基因自我设计的第一原则是节能，凡耗能高的事情都会被视为对生存的威胁。而潜意识没有思维，只有本能，它会努力让身体走低能耗路线，诱导我们娱乐、享受，所以本能通常都是阻碍学习的。而现代社会要求我们必须具备足够、必要的知识，这样才能生存，所以我们必须做一些反本能的事情，比如学习。

这个过程不可避免，只是很多人不知道学习能力的背后是"三个大脑"之间博弈的结果，所以他们从未主动激活自己的理智脑，而是顺着本能和情绪的喜好被动地参与学习。

这就解释了一种现象。有些人虽然看上去很努力，但他们的学习成绩始终平平，因为他们习惯在模糊区打转，在舒适区兜圈，重复做已经掌握的事情，对真正的困难视而不见，这背后都是潜意识在操控——因为基因认为这样做耗能更低。

优秀的人更倾向于做高耗能的事，比如"学霸"的秘诀往往在他们的错题本上——他们更愿意花时间明确错误，并集中精力攻克。比如他们面对试卷上的错题时，不会止步于写上正确的答案，还会对错题背后涉及的知识点和学习习惯进行深入探究和反思复盘，再把同类型的题目反复做几遍，直到彻底掌握相关知识。学习成绩一般的同学不是不知道这个方法，只是他们要么不去整理错题本，要么整理了也不去看，他们更喜欢勤奋地重复已经掌握的部分，对真正的困难选择睁一只眼闭一只眼，希望能够搪塞过去，结果模糊点越积越多，以致无力应对。

不难发现，"学霸"和普通同学之间的差异不仅体现在勤奋的程度上，还体现在努力的模式上："学霸"更愿意主动去做高耗能的事——消除模糊，制造清晰。

消除模糊，既是学习的目标，也是学习的方法

回顾我们的学习过程，大家会发现，所谓学习，无非就是消除模糊的未知部分，巩固已知的内容。无论英语单词还是数学公式，你对它们记忆得越清晰、理解得越深刻，你对它们的掌握就越好。所以，**消除模糊就是我们学习的目标。**

有意思的是，学习的方法也是这四个字：消除模糊。因此，目标和方法是统一的。比如，错题本就是不断将已知部分和未知部分分开的工具，没有它，我们的学习就会缺少边界和努力的方向，学习的效能自然会降低。

再比如，数学老师苦口婆心地劝我们在解题时养成用草稿

纸的习惯，其实也是为了帮我们制造清晰。因为我们的工作记忆非常有限，如果光在脑子里想解题思路，那么一切都是模模糊糊的，但只要把题中的条件画到纸上，解题思路马上会变清晰。所以，那些善用草稿纸的人解题时通常又快又对，而那些对草稿纸不屑一顾的人往往漏洞百出，他们甚至认为不用草稿纸就能解题是厉害的表现，殊不知，这是个不良的习惯。

事实上，消除模糊几乎成了这个世界上其他能人共同遵守的学习法则，比如以下例子。

- 《思考力：潮爆东京大学的思维公开课》一书的作者上田正仁提示：思考力的本质就是"丢弃已经消化的信息，让问题的核心浮出水面"。
- 《刻意练习：如何从新手到大师》中的核心方法论是：不要重复练习已经会的，要不断寻找那些稍有难度的部分。
- 《原则》一书的作者瑞·达利欧罗列了工作和生活中的原则，用以清晰地指导自己行事。
- 《超越感觉：批判性思考指南》一书告诉我们，想拥有清晰的逻辑，就坚持一点：凡事不要凭模糊的感觉判断，要寻找清晰的证据。

种种现象都在告诉我们一个事实：**无论提升学习能力还是思考能力，其方法正是不断明确核心困难或心得感悟，并专注**

于此。要做到这一点，我们就需要暂停盲目的努力，鼓起勇气去面对核心困难，花时间去梳理、分析，然后攻克它们。

如果你不知道这个过程怎么实现，那不妨来看一个人高考逆袭的故事[①]，相信你一定会有所启发。

有一是一，消除学习模糊

某年5月的一个下午，一位高二男生在学校操场上焦虑地绕圈踱步。此时上课铃声已经响起，但他没有走向教室，反而走到了更僻静的地方。

他在思考一个问题，而且下定决心要把它想清楚。因为他当时的成绩只有400多分（总分750分），前程堪忧。让他更焦虑的是，不管他变好的欲望多么强烈，无论他怎么努力，都无法明显提高成绩。这种"求而不得"的残酷现实让他走到了崩溃的边缘，而此时距离高考只有1年零2个月了，所以他必须找到问题的根源。

一番苦思冥想之后，他逐渐把困惑缩小到了这个问题上："**我今天的学习是为了什么？**"终于，他得到一个让自己眼前一亮的答案：**"今天的学习就是为了进步！如果明确知道自己努力学习一天不会有任何进步，那还不如去玩！现在之所以听课、预习、做作业、做卷子、看参考书，全都是为了一个目的：进步。"**

想到这里，他的头脑清晰了起来。但是新的问题马上来了：

---

① 案例引自《我的史诗般的高考逆袭路》，发布于"核聚"公众号。

"既然每天学习是为了进步，那如何知道自己每天进步了多少呢？"他发现自己根本回答不出来，但也意识到这就是问题所在："如果连一天中有哪些进步都不清楚，那说明自己在过去的时间里都是在糊里糊涂地学习。"此时他恍然大悟，确定这就是自己没有明显进步的根本原因，于是当即决定**建立一个"进步本"，把每一个学习收获都记下来。**

从那天开始，他把每天新学到的各种知识、不会做的题、搞明白了的错题，还有关于学习的一切总结、思考都记录在进步本上。这样，只要一看本子，就知道当天有多少具体的进步，一目了然。

当然，仅仅记录是不够的，**因为记录不等于进步。**"如果同样的错误再犯，同样的题型又不会了，同样的知识点下次遇到又模糊了，这些都不意味着进步。只有记在脑子里，不忘记，才是真正的进步。"

遵循这样的原则，他每天抽出专门的时间，把本子上面的题拿出来重新做、反复做，不懂就问同学、看参考书，直到把所有学到的知识完全无误地记住，理解了每一个步骤的细节，并达到了任何时候都能快速做出且不出错的程度。

通过实践，他终于明白为什么之前听课、做作业、看参考书等学习方式无法让自己真正进步了。**因为这些学习过程的效果不能被直接检验，**唯有将转化的结果清晰地记录在进步本上，才可以检验学习方法是否有效。

由此，他确认了这样一个事实：进步本的完整操作是快速进步的有效方法。**如果犯过的错误下次还犯，做过的题目下次还错，那说明这根本就不是学习，或是效率极低的学习。相反，保证出过错的题不再出错，搞明白之后不会忘记，才是学习的底线。**

在进步本的加持下，他的学习成绩和名次开始飞速跃迁。最终在高考时考出了全班第一、全校第一、全市第一的好成绩，如愿拿到了北京大学的入学通知书，实现了高考的逆袭。

他就是"核聚老师"（以其公众号名称呼）。如今他用自己的方法论帮助很多考生走上了逆袭之路，而他所用的核心方法就是制造清晰。

"核聚老师"的经历印证了"清晰"在学习中的重要性，即好的学习就要把知识点学透，杜绝模糊。如果你此前从未有过"清晰"这个概念，那就从现在开始建立它。无论是运用错题本、进步本、草稿本，还是让自己停下来、勤梳理、敢面对，它们都能帮助你制造学习上的清晰。

拥有清晰力，你就拥有了学习上的竞争力。

本节要点

1. 基因自我设计的第一原则是节能，它会努力诱导我们走低能耗路线，所以很多人会不自觉地在模糊的舒适区内打转。

2. 消除模糊，既是学习的目标，也是学习的方法，它们是统一的。

3. 无论是错题本还是进步本，这些工具的根本目的就是帮助我们制造学习上的清晰。

第三节

情绪清晰：勇敢面对，消除情绪模糊

　　情绪波动对学习的影响很大，无论亢奋激动的情绪，还是悲伤痛苦的情绪，都会严重影响学习的效能。这一点，相信你通过"7个小球"的知识已经有所了解。所以，关于学习，无论什么时候，我给你的第一个建议都是先学会保持平稳的情绪。

　　然而，这事说起来容易做起来难。别说在校学生了，就连社会上的成年人在遇到烦恼和痛苦时，也多半习惯被动承受，少有人乐于主动面对。

　　德国心理治疗师伯特·海灵格曾这样描述人们面对烦恼时的态度：受苦比解决问题来得容易，承受不幸比享受幸福来得简单。这极符合人类不愿动脑的天性。因为解决问题需要动脑，享受幸福也需要动脑平衡各种微妙的关系，而承受痛苦则只需陷在那里不动。虽然被动地承受痛苦也会耗费很多能量，但在基因的影响下，人就是不喜欢主动耗能，所以美团创始人王兴的这句话引起了很多人的共鸣：多数人为了逃避真正的思考，愿意做任何事情。

正视痛苦是消除情绪模糊的必然选择

然而回避痛苦并不会使痛苦消失，反而会使其转入潜意识，变成模糊的感觉。**而具体事件一旦变模糊，其边界就会无限扩大，原本并不困难的小事，也会在模糊的潜意识里变得难以解决。**这感觉就像在听池塘中"无数只青蛙"的叫声，让人心烦透顶，等到实在忍不住了、跑去一看究竟时，却发现其实池塘里只有几只青蛙。

真正的困难总比想象的要小很多。人们拖延、纠结、畏惧、害怕的根本原因往往不是事情本身有多难，而是内心的想法变得模糊。就像在 1 500 米跑步考核开始前，那种不知名的恐惧会让人紧张得全身发抖，而我们一旦开跑、不得不与这种恐惧正面交锋时，就会发现 1 500 米考核也不过如此。如果我们再积极些，学会从一开始就主动正视它、拆解它、看清它，或许那种紧张就不困扰自己了，我们甚至能从容地"享受"比赛。

但有些事一旦进入潜意识，可能很难消除，比如童年的不幸经历，虽然意识早已将其淡忘，但潜意识始终保留着这些印记，并隐蔽地影响我们的性格和行为。一些严重抑郁或精神失常的患者有时需要接受催眠治疗，而心理催眠师在治疗时使用的一切手段其实只为做成一件事：唤醒潜意识里的痛苦事件，让患者重新面对它、看清它，从而将其彻底化解。

记住，任何痛苦事件都不会自动消失，哪怕再小的事情也是如此。**要想不受其困扰，唯一的办法就是正视它、看清它、**

拆解它、化解它，不给它进入潜意识的机会，不给它变模糊的机会；即使已经进入潜意识，也要想办法将它挖出来。所以，当你感到心里有说不清、道不明的难受的感觉时，赶紧坐下来，向自己提问。

- 到底是什么让自己烦躁不安？是上台演讲、会见某人，还是思绪纷乱？
- 具体是什么让自己恐惧担忧？是能力不足、准备不够，还是害怕某事发生？
- 面对困境，我能做什么？不能做什么？如果做不到或搞砸了，最坏的结果是什么？

一层层挖下去，直至挖不动为止。坦然地承认、接纳那些难以启齿的想法，让情绪极度透明。虽然直面情绪不会让痛苦马上消失，甚至短时间内还会加剧痛苦，但这会让你主导形势，至少不会被情绪无端恐吓。

恐惧就是一个欺软怕硬的货色，你躲避它，它就张牙舞爪，你正视它，它就原形毕露。内心的不安，皆因我们还没有正面面对困难。很多时候，面对恐惧和痛苦，我们需要的只是那么一点点勇气。一旦我们鼓起勇气把它看得清清楚楚，情绪就会慢慢从潜意识中消散，我们的生活将会舒畅无比。

"写下来"是消除情绪模糊的有效手段

需要说明的是，正视情绪这件事不能只在脑子里想，你需要通过笔和纸或键盘将它们写下来，用文字的形式让它们清晰呈现，否则你很难从情绪的迷雾中走出来。

因为当情绪出现时，理性便会退居第二位，毕竟情绪小人的力量比理智小人要强大得多，所以情绪在大脑中处理事项的优先级远高于理性思维，而情绪小人在智慧上又远远落后于理智小人，它只能将遇到的事情粗糙地分为有利的和有害的，所以情况一旦极端化，情绪小人就会在模糊的"有害端"反刍那些负面事件，也就是我们所说的陷在情绪里走不出来。

书写自己当前面临的负面事件，可以调动更多的理性资源帮助我们整理思路，使处理情绪思维的优先级暂居其后，同时，书写这一行为可以激活大脑皮层的语言区和书写区，使我们对当前遇到的负面事件有更为具体和清晰的认识，所以书写可以让负面情绪得到一定的缓冲，使人慢慢地恢复理智或理性。

2019 年 1 月，读者"王棋"和我说过这样一段经历。

有一次，我朋友被领导批评，情绪特别低落。**在自己无法消化情绪时，她就用笔一条条写下自己真实的想法，写下自己到底在难过什么。**当把真实想法一条条写下来并想清楚之后，她就觉得没有那么难过了，觉得领导的批评是有道理的，是在帮助她改掉问题、提升专业能力，只不过这种事实被批评后的难过情绪包裹了。我当时特别吃惊：竟然还可以用这种方法消解自己的情绪！我被批评后总是一直陷在情绪中，从来没有理性分析过自己到底在难过什么。看来高手解决问题的方式都是相通的。

所以，如果你在学校里遇到各种烦恼和痛苦，且身边又没有人可以倾诉，不妨通过这种方式来自己梳理。这样一来，即使没有他人帮助，你也能自己疏导情绪。

《开放心胸》的作者杰米·彭尼贝克通过幸福实验也发现，**运用书写来表达自己情绪的人更加健康**。因此，他同样建议：一旦你的生活出现了问题，就拿出笔和纸把事件的经过、自己的感受、为何会有这样的感受，一五一十地写下来。过程中不用修改，不用检查，更不用管语法或句式对不对，只要放手去写就好了。

同时他还强调，写下之后一定要回答自己以下两个问题。

一是这个事件为什么会发生？
二是我能从中汲取什么教训？

书写的意义不只是宣泄怒气，更在于找出意义。只要学会用这两个问题来审视情绪，我们就能从负面事件中获得积极的视角和看法。

事实上，无论在什么场景中，如果你无法静下心来做事，那就坐下来写下你心中的念头，想到什么就写什么，连续写上5分钟，你就能集中注意力了。正如我们之前提到的，如果你在学习的过程中总有杂念闪现，那就把它们写在自己的笔记本上，哪怕只用一句话描述这个念头也可以。因为这样做**可以启动元认知，清空我们的"工作记忆"**。

工作记忆就是理智小人手中的"7个小球"。如果任由那些烦恼、顾虑、担忧等无用的念头占用"小球"，我们的大脑就会像一台后台运行了很多无效程序的电脑，非常卡顿，所以我们一定要在学习的时候想办法结束这些进程[①]，而结束进程通常只有两个办法：

一是在现实世界中完成它，让事情闭合；
二是在虚拟世界中审视它，让进程结束。

显然，很多念头是无法在现实世界中立即完成的，所以"写下来"就成了在虚拟世界中打消它们的不二之选，因为这么做可以帮我们开启元认知，审视这些念头存在的理由和必要性。只要把可信的理由"说"给它们听，它们就能接收信息，认识到自己没有存在的必要，从而主动释放进程，退出工作记忆。而工作记忆一旦被清空，我们就有了进入极度专注状态的条件。

一定不要嫌"写下来"麻烦。只要你坚持实践，就一定会

---

① 进程，通俗地说就是程序在计算机上的一次执行活动。比如，当你运行一个程序时，你就启动了一个进程。

发现它是一个"清障神器"，你也一定会因它而受益匪浅。

本节要点

1. 情绪波动对学习的影响很大，大喜大悲都不利于学习。

2. 大脑天生会回避痛苦，而回避痛苦就会使情绪进入潜意识，变得模糊。

3. 正视痛苦是消除情绪模糊的必然选择，而"写下来"是消除情绪模糊的有效手段。

4. "写下来"这一方法可以抑制情绪脑、激活理智脑、清空大脑的工作记忆。

5. 一定要去写，不要光在脑子里想，否则容易陷入思维反刍。

行动清晰：敢于假设，消除行动模糊

你一定有过这样的困惑——平时在学校，学习效率还可以，可一旦到了周末，进入完全自由的时间后，学习效率就会变差，甚至完全失控。比如你总想先吃点东西、玩会手机再写作业，结果一晃一两小时过去了，而且越往后越难进入学习状态，即使开始写作业，状态也会非常散漫，效率非常低下；或者一会儿想做这个，一会儿想做那个，结果什么都开始不了。

事实上，不仅是学生，老师也会遇到同样的困惑。比如2019年暑假，就有一位年轻的老师向我诉说："别人羡慕我有寒暑假，但我一点也不喜欢，因为自己根本没有能力掌控这些大量的空余时间。不仅计划一个没实现，连作息时间也乱作一团。可以说，我对假期简直一点控制力都没有。"

另外，很多大一新生也常给我留言，说上了大学后，一下子没有了高三时的那种紧张感，虽然刚开学的时候还算自律，但很快就变得懒散，宅在寝室里打游戏、刷抖音，无法专心学习，尤其是独处、时间由自己支配的时候，总是不自觉地选择最舒适的娱乐活动。

问及原因时，他们都说自己行动力差是因为不够自律、意志力弱，或外界环境的干扰太大。然而，这些分析都没有说到点子上，因为脑科学告诉我们：**行动力不足的真正原因是选择模糊。**

行动力不足的真正原因是选择模糊

所谓选择模糊，就是我们在面对众多可能性时无法做出清晰、明确的选择。这样的情况很常见，比如当你心中有很多欲望、脑中有很多头绪，或者拥有很多可自由支配的时间时，你就会进入"既想做这个，又想做那个；既可以做这个，又可以做那个"的状态，就像自己始终站在十字路口，却不知道该往哪里去，从而使自己陷入不确定性之中。

选择模糊就是一种不确定性，而**人类面对不确定性时，会不自觉地逃避**，因为在远古时代，我们的祖先看到草丛在动但又无法得知那里面是什么时，就会产生很强的心理应激反应，来防范随时可能跳出来的野兽。为了活命，"逃避不确定性"就被写入了我们的基因。所以，当我们的头脑中有很多模糊的选项时，我们就会不自觉地选择那个清晰、简单和确定的选项。也就是说，**当我们没有足够清晰的指令或目标时，就很容易选择享乐，放弃那些本该坚持但比较烧脑的选项。**

现在，我们只要回过头想想，就知道为什么大家在上学或上班的时候很少有这样的困扰，因为学校的课程安排和单位的工作安排非常明确，大家只要跟着安排走就可以了，不用动脑去想下一步该做什么。而一旦进入完全自由的时间，虽然刚开始会很舒服，但很快，人们就会迷失在众多选项中，觉得做这个也行，做那个也行。

所以，千万不要认为没有约束的生活很美好，因为**做选择是一件极为耗能的事情**，有时候就是因为那么一点点障碍，我们的大脑为了省点力气，就可能不自觉地选择那个它最熟悉、最简单、最确定的选项——娱乐。所以，在我们掌控自由时间的定力还不是很强的时候，不要轻易抱怨自己讨厌上学或上班，因为从另一个角度看，适当的外界约束对我们现阶段的行动力是一种保护。

可见，处于一种"没得选"的状态时，我们更容易保持专注，也更容易静下心来做好眼前的事情。于是，应对选择模糊的方法也就产生了：**想办法在诸多可能性中建立一条时间"单行道"，让大脑始终处于"没得选"的状态。**

让自己始终处于"没得选"的状态

要想做到这一点，我们需要每天专门花一点时间对一整天进行规划，就像学校制定课程表一样，我们也要对自己的自由时间进行细致的规划，**达到不用思考可以直接行动的程度。**

我建议你准备一个专用的本子，然后按照以下三步进行操作。

第一步，列出当天所有要做和想做的事情，包括十分钟后

要去倒垃圾这样的小事，总之就是把大脑中所有的想法和念头全部倒出来，清空大脑的工作记忆，这会让脑子变得清晰。

第二步，按重要程度对所有事项进行排序。只要排出序号，我们就能将注意力聚焦到最重要的任务上，不会让自己轻易被其他事情带跑。

第三步，根据当前所有可用信息把每项任务安排到具体的时间段里。即明确几点到几点做任务1，几点到几点做任务2……这样可以把自己的精力约束在特定时间内的特定事件上，就像一个明确的课程表，到点就知道自己该做什么，不用在那个关头再去思考自己该做什么。总之，**计划要明确到自己不用动脑就可以迅速行动！**

实践这个方法，你会惊喜地发现，我们再次发挥了"写下来"的作用，同时启动了元认知——让"另一个自己"站在高处俯视全天的时间，制定路线图，并清晰地指导我们高效前行。

同时，你也会发现，一天24小时看似每分每秒都一样，但其实有些时间的权重就是要比其他时间高，比如"一天的开始"或"某件事情的开始"这样的时间节点。如果我们有意识地在这些时间节点上去思考、做规划，后续时间的质量也会得到相应提升。

日程规划的注意事项

日程规划这个看似不起眼的习惯其实非常符合大脑的工作

特性，但要想最大限度地发挥它的功效，我们还要注意以下事项。

一是一定要写下来。很多人会觉得这种方法很小儿科，认为这点事自己用脑袋想想就可以了，写出来完全多此一举。而现实往往是，不去写，就体会不到这种方法的好处，体会不到好处自然也就觉得这种方法没什么用，所以，只有真正做过的人才能体会到**写与不写是完全不同的。**

2019 年 5 月 6 日，读者"Amy 曹"发来反馈，她说："我把每天要完成的事情认真地写下来，效果还真不错。以前虽然知道这个方法，但并不重视，没有认真写过计划，但是 2019 年 5 月 1 日之后，我开始认真对待这件事，发现这样做事情很有控制感，而且不用老是着急、害怕、担心完不成，即使中途会调整计划，但大方向始终在自己的掌控之中。"

"写下来"就是有这样神奇的效果。很多时候，人与人之间真正的差距可能就在最后那一点点行动上。

二是不必机械地执行计划。有不少人担心，把计划做得这么僵硬，会不会让自己变得很死板？对此，你一定要明白：**做规划的目的并不是让自己像机器一样严格地按计划执行，只是让自己对后续的时间安排心中有数。**

如果当天计划有变也没关系，有了这份预案，你就能在处理临时任务后，把自己迅速拉回正轨。但如果没有这份预案，你极有可能在目标和时间都模糊的情况下选择娱乐消遣。所以，做规划十分有效，如果遇到干扰，只要及时调整计划就好了。

三是只规划自己可支配的自由时间。 在校的学生可能会认为自己用不上这种方法，因为平时的课程安排都是固定的，自己再规划似乎没有意义。的确，当外界已经有明确的安排时，我们自然不用再做规划，但可以把这个方法用到自己可支配的自由时间上，比如课余时间、周末、节假日、寒暑假等。只要你把自由时间主动纳入规划，你的生活就会变得高效和可控。

四是把休息和娱乐时间也规划进去。 勤奋的人通常很珍惜时间，所以他们在做规划时往往只安排学习内容，从不安排娱乐事项。事实上，这种做法并不可取，因为娱乐不是猛兽，也不是罪恶，只要我们完成了当天最重要的任务，就可以主动给自己安排时间娱乐，这既是对自己的奖励，也可以让大脑放松。劳逸结合更有利于第二天的学习，但前提一定是先完成重要的任务。

五是要关注现实，精简欲望。 几乎所有实践每日规划的人在初始阶段都会遇到这个问题：定的目标太多、太大，以致根本无法完成，最终体验到的全是挫败感。而且，一个人越年轻，他在这方面的特点就越明显，所以当你发现自己总是完不成任务时，不妨多看看现实结果，你会发现自己真正能做的事情其实并不多。一旦接纳了这一点，并学会主动精简欲望，你制订的规划就会越来越合理，行动的心态也会越来越从容。

六是要敢于假设，多面预想。 一些人不会做时间规划，是因为很多事情还不明确，所以他们在规划时无法确定具体的任务和时间段。比如他们原本准备下午 3 点去图书馆查找资料，但天气预报提示下午可能会下大雨，于是他们就卡在这里，规划就做不下去了。

遇到这种情况，我们一定要依据当前所有的可用信息去假设一个可能性最大的选项，然后以此为基准去行动。如果仍无法做出决定，那就根据各种可能性做出多种假设，比如不下雨，就继续去图书馆；如果下雨去不了，就先在宿舍里复习数学，等雨停了再去图书馆；或者提前一小时去图书馆，将其他任务后移等。

总之，我们可以针对各种情况提前做好预案——遇到情况A，就执行预案A；遇到情况B，就执行预案B……有了这些预案，我们到了那些关口，仍然可以不用过多思考就能立即行动。

"假设"就是一个可以消除模糊、让人继续行动的有利武器。只要善用这个技巧，我们就可以应对学习和生活中各种"模糊和不确定"的场景，从而提升自己的行动效率和独立思考能力。

比如，你在做阅读理解或写作文时进行不下去了，此时千万不要因为不确定而卡在原地，要试着说出一个自己认为可行的答案，或者口述一个作文的大致想法，哪怕只说出一两个词或一个粗糙的小故事也可以。只要你有一个具体的想法，就能慢慢找到清晰的思路，否则你会长时间停滞。

再比如，你意识到自己在生活中是一个缺乏主见的人，想改变，怎么办？很简单，你只需在每次需要表态的时候，利用当前所有可用的理由和依据，先假设一个自己认为最正确的观点。**即使它不一定正确，你也不一定要说出来，但你必须有一**

个观点。时常这样练习，你的主见就会慢慢变强。

这个技巧的关键不在于对错，而在于你得先有一个"想法"。只要你能够依据当前所有的知识和可用信息做出一个假设，你就不会卡在原地，就能够继续向前迈进。而更多新信息必然会在后续的行动中慢慢浮现，因此你就有了果断行动和快速进步的可能。

当然，你肯定很担心自己的假设会出错。关于这一点，我认为你完全不必担心！因为从某种角度而言，这世间所有人的想法其实都是假设，即使是对你最有帮助的想法，也只是假设，而不是板上钉钉的事实。《好好学习：个人知识管理精进指南》的作者成甲也说："**我们所有的观点、结论，本质上都是一种假设。观点和结论的好坏，取决于我们的假设与事实相符的程度。**"所以我们无须盲从他人的态度和观点，也不必盲目否定自己的态度和观点，反正大家都是在假设嘛。重要的是，我们得有敢于假设的意识，无论对错，先练习起来。即使假设错了也没关系，只要我们多总结、多修正，保持头脑开放，始终用最新、最可靠的理由和依据来支撑自己，就可以不断革新自己的假设，使自己的态度和观点越来越接近事实。

如果你能遵从上述事项和建议，就能真正领悟到所谓的**"行动力不是意志力，而是清晰力"**。

行动力不是意志力，而是清晰力

有了清晰力，你的生活就会发生变化，而且一定会变得更加主动和可控。比如，在你放学回到家的前一分钟里，你可能已经想好回到家后第一步做什么、第二步做什么……所以，在你打开家门的那一瞬间，你就会在短短的一两分钟内完成喝水、上厕所、整理书包等动作，然后来到书桌旁，迅速打开作业本开始做第一项作业，否则，你很可能会随机地吃点儿东西、看会儿电视，半小时后还在客厅里磨蹭。

缺乏清晰力的人其实也知道自己要干什么，只是他脑子里只有一个大致想法，比如"明天要早起锻炼或读书"，除此之外就没有别的了。他并没有想清楚明天起床后是去跑步还是阅读，即便想清楚自己要干什么，也不确定要去哪里跑，跑几公里，跑多长时间，穿哪套衣服，万一天气不好怎么办；不知道到底要读哪本书，从哪里开始，读多长时间，等等。**一切都只知道个大概，这对提升行动力来说是很致命的。**

你陷入怠惰、懒散、空虚的情绪中动弹不得时，往往是因为你的大脑处于模糊状态。 大脑要么不清楚自己想要什么；要么同时想做的事太多，无法确定最想实现的目标是什么；要么知道目标，但没想好具体要在什么时候以什么方式去实现。

所以，不管你处在什么状态下，只要拿出笔和纸，写下目标、写下时间，你就能瞬间完成一次自救。你的元认知能力会迅速提升，你也会动力满满。

归结起来还是那句话：**认知越清晰，行动越坚定。**

本节要点

1. 逃避不确定性是人类的又一大天性。

2. 行动力不足的真正原因是选择模糊。

3. 主动规划日程，在诸多可能性中建立一条时间"单行道"，让大脑始终处于"没得选"的状态。

4. 行动力不是意志力，而是清晰力。一切都只知道个大概，会很致命。

第三章

专注——学习的核心

第一节
极度专注：专注是学习中披荆斩棘的利剑

《暗时间：思维改变生活》一书的作者刘未鹏说：能够迅速进入专注状态，以及能够长期保持专注状态，是高效学习的两个最重要的习惯。

无独有偶，比尔·盖茨与沃伦·巴菲特第一次相识的时候，比尔·盖茨的父亲就分别给他们一张卡片，让他们在上面各写一个词，描述究竟是什么成就了自己。结果两个人的答案竟然一模一样，都是专注。

可见，一个人专注力的高低可能预示他今后成就的大小。只是在现代社会，专注力似乎成了一种稀缺能力。

2018 年 8 月，我在公众号上发布了一则关于"学习成长困惑"的在线调查，前后共收到 338 份答卷[①]。虽然参与调查的样本不够丰富，但从调查结果中也能看出一些明显的趋势。

比如得票最高的两个困惑是"经常沉浸在担忧、幻想、焦虑的情绪里"（168 票）和"总是分心走神，无法保持专注"（167 票）。这说明受分心走神困扰的人不在少数。而且，他们也在留

---

① 调查人群分布：在校学生 133 人，老师 18 人，家长 14 人，终身学习者 173 人。

言中表达了自责、无奈和对自己失望的情绪。

如果你也因此责备过自己，那请在今后的日子里停止这种自责，因为分心走神原本就是我们的天性之一。

分心走神是我们的天性

这背后的原因与我们大脑的记忆机制有关。

论记忆能力，人类肯定比不上计算机，无论容量大小还是记忆精度，我们都不具优势，但这并不影响我们提取记忆的速度，因为人类的大脑使用**背景关联记忆**的方法，即借助事情的背景或线索等提示信息来让我们想起特定内容。比如，我们根据名字、声音、时间或场景等任意要素，就能瞬间想起某人、某事，而计算机则要平等地处理所有信息，每次提取信息都要从数据库中挨个搜索一遍。背景关联记忆的方式可以极大地降低大脑能耗，弥补大脑神经元处理速度的不足。

然而，进化是把双刃剑，背景关联记忆的一个副作用就是我们感官所听到、看到、摸到、尝到、嗅到的任何信息，都会引出其他的记忆内容，又因为感官受潜意识控制，而潜意识永不消失，所以只要我们醒着，这种分心走神随时都可能发生。

比如，你在路边无意间听到一首老歌，不自觉地想起了高中的时光，此时高中的好友从回忆中冒了出来，你突然意识到好久没联系他了，于是打开朋友圈想看看他的动态，发现他正在重庆旅游，然后你的脑子里立即浮现自己上次在重庆吃火锅的场景……

我们的注意力总是这样不受控制，就像多米诺骨牌一样，只要推倒一个，其他的就会接连倒下。所以，当你发现自己总是不自觉地分心走神时，千万不要自责，因为不仅是你，所有人都一样，这是我们的天性罢了。

不过，成长就是克服天性的过程。如果我们能够比其他人更好地约束自己的注意力，就能在学习中获得更多优势。这一点，相信你通过"7个小球"的知识已经有所了解。但从技术上来说，这样的理解还不够深入，因为研究者认为专注力水平是有程度之分的，我们不仅要追求专注，还要追求**极度专注**。

追求极度专注

在很多人的观念里，专注就是用毅力把自己约束在一件事情上，所以他们允许自己在过程中开些小差，只要自己看起来还在做这件事就行。他们也会在精力不足的时候继续学习，因为勉强维持学习的努力感会显得自己很专注。

然而，研究者发现，与普通人的专注水平相比，那些成就卓越的人身上体现出的则是极度专注。所谓极度专注，就是调动所有感官，全身心地投入一件事，或者说将100%的精力投入一件事。换句话说，极度专注与普通程度的专注之间的区别就是"7个小球"火力全开与只用"四五个小球"进行学习、练习或思考的区别。

所以，有研究人员指出：**在短时间内投入 100% 的精力比长时间投入 70% 的精力要好。**因为专注的真正动力并不是毅力和耐心，而是不断发现技巧上的微妙差异和持续存在的关注点，精力越集中，感知越细微。

这是一个重要的技术细节。如果我们细细钻研，就能打造一把披荆斩棘的学习利剑。

除此之外，极度专注还是我们灵感的来源。

作者芭芭拉·奥克利曾在《学习之道》一书中这样介绍：大脑在学习的时候有两种模式，一种是"意识"的专注模式，另一种是"潜意识"的发散模式（见图 3-1）。

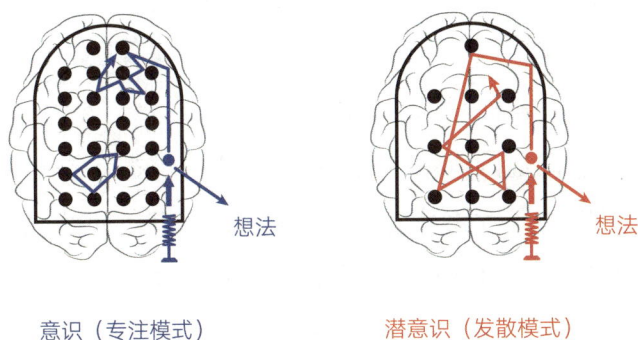

意识（专注模式）　　　　　潜意识（发散模式）

图 3-1　意识与潜意识的工作模式

所谓专注模式，就是当我们专注于某件事的时候，前额叶皮层就会自动沿着神经通路传递信号，这些信息会奔向与我们思考内容相关的各个脑区，将它们连起来。在这种模式下，我们可能找到答案，也可能找不到答案，因为真正的答案可能并不在我们意识关注的脑区。此时就需要潜意识的发散模式来帮助我们，它能让大脑跳出原来的工作区域，让神经元随机地与不相关的区域进行连接，从而得到也许能解决问题的答案。

不过，想让潜意识工作，必须满足一个条件，就是彻底关闭清醒的"意识"，即彻底忘掉原来那件事。因为两种模式好比手电筒里打出来的光：专注模式下光束紧密，穿透力强，径直打在一小块区域上；如果拨到发散模式，光柱就会散开，虽然光的强度会降低，但照亮的范围更广。要注意的是，一个手电筒不能同时照出两种光。

所以，**变聪明的秘诀就是先保持极度专注，想不出答案时再将注意力转换到另一件与此毫不相干的事情上**。即事前聚精会神，让意识极度投入；事后完全忘记，让意识彻底撒手。这样，灵感和答案就会大概率地出现。

阿基米德就是因为绞尽脑汁也没有想出鉴定皇冠真假的办法，所以准备去公共浴室彻底放松一下，但在他的身体进入澡盆的那一瞬间，溢出的水就给他带来了灵感。很多例子表明，科学发现和其他智力上的突破是在当事人毫无期待、正在想别的事情时出现的。

可见，**好的学习模式是，在做 A 的时候彻底关注 A，在做 B 的时候彻底关注 B，A 和 B 两件事情之间有非常清晰的界线**。如果在做 A 的时候想着 B，在做 B 的时候又想着 A，那么意识工作的深度不够，潜意识也无法顺利开启，这种边界不清的习惯对能力提升伤害很大。李大钊也说过："要学就学个踏实，要玩就玩个痛快！"说明界线分明的习惯对人性情和能力的培养都很有好处。

了解了极度专注的好处，相信你一定希望自己也具备这种能力。事实上，前文提到的"元认知""写下来"等方法已经包含了提高专注力的相关技巧，但要想达到极度专注的状态，我们还需要进一步学习更好的方法和策略。

本节要点

1. 分心走神是我们的天性，因为大脑采用背景关联记忆的方法。

2. 在短时间内投入 100% 的精力比长时间投入 70% 的精力要好。

3. 好的学习模式是，在做 A 的时候彻底关注 A，在做 B 的时候彻底关注 B，A 和 B 两件事情之间有非常清晰的界线。

第二节
间歇专注：普通人掌握专注的有效策略

很多人羡慕学霸们能长期保持极度专注，于是开始效仿，相信自己只要足够刻苦，也能达到这样的学习状态，然而现实往往事与愿违——仅凭意志力，他们不仅无法长时间保持专注，还会让学习过程变得很煎熬。因为一个人要想达到长期极度专注的状态，需要多种要素共同配合，比如**难度、兴趣、环境、情绪、意义**等。

- 学习内容不能太难，否则人很容易因畏难情绪而逃避走神；
- 学习内容最好也是感兴趣的，因为人们会对感兴趣的内容投入更多精力；
- 学习环境也非常重要，因为人是感官动物，我们的所见所闻会极大地影响自己注意力的集中程度，如果身边有很多干扰和诱惑，人很难保持专注；
- 一个生活平静、情绪平稳、没有烦心事的人更容易保持专注；

- 如果一个人能强烈感受到学习的意义，他的注意力也会更加集中。

所以，仅凭毅力，我们很难真正保持长期专注，如果盲目坚持，我们还可能溃败或倒退。比如，一位"考研党"的经历就证明了这一点。

她说："自从开始准备考研，我就拿出了前所未有的执着和毅力，天天只想着学习，连吃饭时都要听音频。前几个月更是天天五六点起床，但不知道是不是因为战线太长，我有些疲劳，到后面自制力反而不如前几个月。我有时候累了，觉得应该合理放松一下，结果瞄了几眼小说就又陷入失控状态，什么都不管不顾，没心思考虑任何事情。等缓过劲儿，发现已经过了三四天了，白白浪费了时间，我又开始自责和焦虑。更不解的是，别的同学看书看累了，玩两局游戏就又能投入学习，而自己一放松就像跌入地狱一样……"

这个场景是不是很熟悉？

我们都曾为了能名列前茅而自我打气、暗下决心，以为只要有超过常人的刻苦，就一定能够成为老师心中的骄傲，成为同学眼中的榜样，于是拿出"头悬梁、锥刺骨"的精神，不闲聊、不娱乐、不浪费一点时间，哪怕精疲力竭也要强打精神再逼自己多学一点。

但在很多情况下，英雄式的开头却没有带来英雄式的结尾。

在足足体验了一把痛苦的自虐后，我们不仅学习成绩提升不明显，甚至连信心都被磨灭了——这么努力居然还不行，大概自己天生就不是学习的料吧！

然而，事实并非如此，只是我们普通人在面对困难时通常只知道用毅力、努力或刻苦来应对，一旦这招失效，我们就束手无策了。事实上，就专注力而言，我们与其用毅力追求长时间的持续专注，不如用另一种"偷懒"的方式追求短时间的**间歇专注**。

间歇专注的秘密

所谓间歇专注，就是只要开始学习就全力以赴，尽量保持极度专注的状态，哪怕保持专注的时间很短，也是有意义的；一旦发现自己开始因为精力不足而分心走神，就主动停下来调整片刻。

这个方法背后的原理正是研究者们提出的建议：在短时间内投入 100% 的精力比长时间投入 70% 的精力要好。所以，新的思路就出现了：既然有效学习的关键是保持极度专注，而非一味比拼毅力和耐心，那我们就应**想办法制造多个极度专注的片段，然后将这些片段加起来，就可以得到长期极度专注了**。

为了更好地理解这一点，我们可以把人的精力想象成一桶水（研究者发现每个人每天的精力是有限的），有的人总量多些，有的人少些，但只要在困难的事情上消耗精力，精力桶的水位就会慢慢下降。

　　问题就出在这里，那些持续刻苦、争分夺秒、舍不得休息一下的人，他们的精力总量势必呈一条持续下降的曲线（见图3-2）。

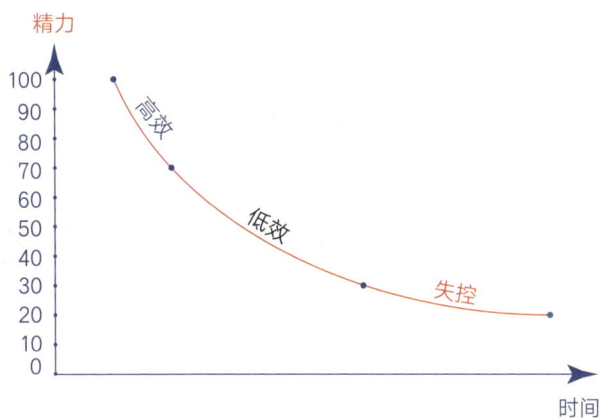

图 3-2　刻苦者的精力变化曲线

　　也就是说，他们起初状态很好，效率也很高，但精力一旦消耗到一定程度，比如到70%以下的水平时，注意力就开始不自觉地涣散，思考速度放缓，如果精力继续消耗，学习效率就会进一步降低，很容易出现分心走神的情况。

　　但是这种信号对于刻苦者来说，仿佛是在提示自己该让意志力出场了，毕竟身边人告诫过自己：学习就是要吃苦的，所以不能因为有点累就去休息，而应该用意志力让自己坚持下去——这不就是所谓的努力、刻苦吗？于是他们舍不得浪费一点时间，认为在痛苦中前行才是努力的表现，越痛苦、越坚持，越刻苦、越感动，因此，他们采取的策略也不可能是停下来休息，而是强迫自己更刻苦、更努力，做别人做不到的努力，即使昏昏欲睡，也要强打精神。

刻苦者看似无比勤奋，可效果却越来越差，过程中感受到的多是痛苦而不是乐趣，精力消耗严重，以致一旦放松就完全不想再次投入，他们更容易沉溺于舒适的娱乐活动。这是因为**克服困难和抵制诱惑都需要消耗意志力**，而此时，他们的精力已经快消耗光了。

反观那些轻松的学霸，他们学习时**从不过度消耗自己，只要感到精力不足，就停下来主动休息，这反而使他们精力桶的水位得到快速回升。**如图 3-3 所示，他们的精力曲线呈波浪状，这种循环能使精力水平一直保持在高位，所以即使接近一天的尾声，他们依然有能力抵御诱惑，不会滑入意志失控的深渊。

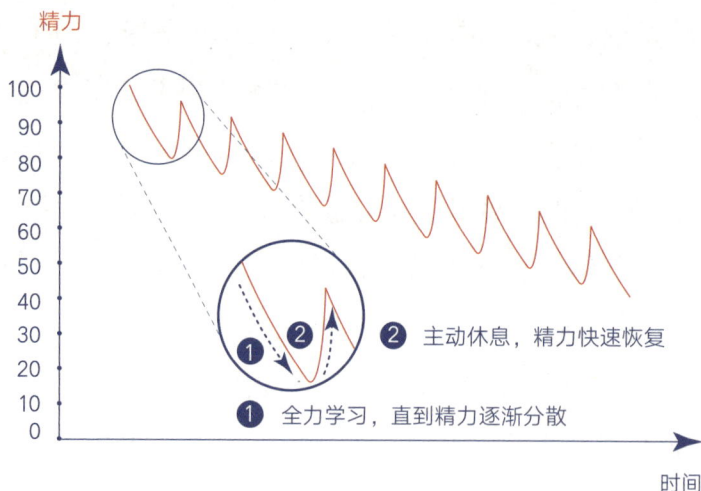

图 3-3　轻松者的精力变化曲线

如果我们把精力水平高于 70% 的区域视为高效学习区，那么对比二者不难发现，轻松者比刻苦者的高效学习区要大得多（见图 3-4）。

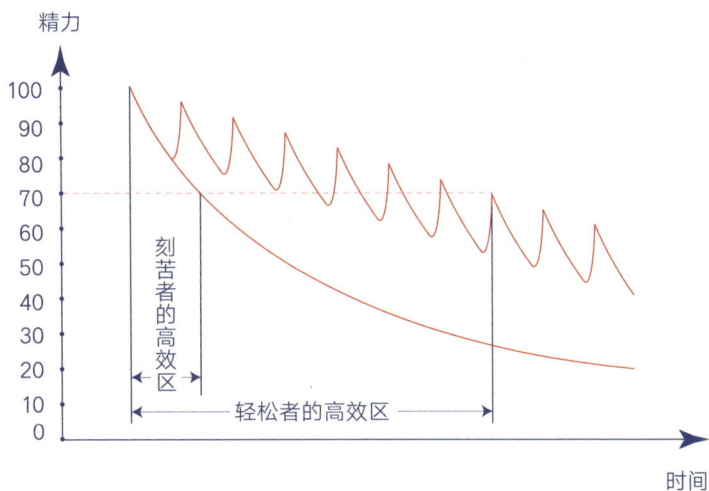

精力

100
90
80
70
60
50
40
30
20
10
0

刻苦者的高效区

轻松者的高效区

时间

图 3-4　高效学习区对比

这个曲线足以说明**"极度专注 + 主动休息"**的意义和优势。优势日积月累，一些人领先于另一些人就会成为必然。而领先的那些人居然还很轻松，这对崇尚刻苦的人来说，无疑是个让人惊愕的认知反转。

番茄时间

那我们该如何培养"极度专注 + 主动休息"的行为模式呢？一个非常有效的办法就是采用番茄工作法。番茄工作法由意大利人弗朗西斯科·西里洛创立于 1992 年，其核心就是先极其专注地学习 25 分钟，然后休息 5 分钟，如此循环往复。这种工作法有点类似于高强度间歇性训练，而且它符合学霸模式的所有特征——**极度专注、主动休息、循环往复。**

为什么番茄工作法把每次学习时间定为 25 分钟？因为这符合大脑工作的规律。研究表明，如果要高度集中注意力去完成一件简单但枯燥的任务，人们的注意力只能集中 20 分钟左右，然后就会出现错误，所以 25 分钟的学习周期适合大多数人。

当然，这个方法可能不适合在课堂上使用，毕竟课堂时间是由老师掌控的，不过，老师也可以依据这个特点来把握教学节奏，比如在一节课上了 25 分钟左右时给同学们讲个笑话放松一下，以此提高课堂学习的效率。

在自习、周末、假期这样相对自由或完全自由的时间里，我们可以使用该方法来主动安排时间，哪怕你能保持极度专注的时间很短，也要刻意遵守这种规律——**只要坐下学习，就全力以赴；一旦开始分心走神，就主动休息。千万不要长时间坐在位置上不温不火地"磨洋工"。**

当然，要想充分发挥番茄工作法的功效，以上信息远远不够，我们还需要特别注意以下事项。

首先，尽可能移除视线范围内所有可能让自己分心的事物，因为人是感官动物，外在环境对我们的影响是最直接也是最大的。像手机这样的消息源和娱乐源，一定要放到远离自己的地方，远到我们无法轻易拿到它。千万不要在这件事情上打折扣，因为我们若把手机放到附近，大脑会不自觉地去追踪手机，进入分心状态。如果在学习过程中必须使用某些电子产品，那最好把这部分内容放到最后集中处理。

其次，如果在学习的过程中发现自己分心走神了，就把脑中的杂念写到身边的本子上，告诉自己等学习结束后再去处理。这样做很容易让注意力回到当前的学习任务上。

再次，一定要主动停下来休息。从专注状态中跳出来，让大脑进行短暂休息，这非常有利于我们将刚学到的东西转移到长期记忆[①]中，为后面新的学习腾出思维空间。我们感觉不到这个过程，但它跟学习过程同样重要，所以千万不要跳过休息环节。

同时，在休息的过程中，也千万不要用手机进行娱乐。要想让休息产生学习的效果，就不能在休息时让新的信息输入大脑。研究表明，用手机进行娱乐看上去让我们的大脑得到了放松，但实际上它仍在不断给大脑输入新的信息，给大脑带来巨大的认知负担。所以，在休息期间，不上网、不发短信、不看书，什么都不做，有利于巩固刚刚学到的东西。小睡一会儿或者干脆什么都不做，这并不是在偷懒，相反，你是在提高自己的效率。另外，在休息的时候适当运动一下，比如散步或慢跑，也是非常有益的。

间歇性学习早已成为学习界的共识。研究者发现，一天中

---

① 相对于短时的工作记忆，长期记忆是能够保持几天到几年的记忆，它可以让我们真正记住所学的知识。

用 10 小时死记硬背，效果远不如将 10 小时的学习任务安排在 10 天中完成。这是因为学习之后，大脑需要一段空白时间去巩固所学内容。如果我们一次性集中学习很多内容，大脑巩固它们的时间就会很少。同理，研究者们也发现，学习可以在睡梦中进行，因为睡眠会巩固我们白天所学的内容。所以，熬夜学习有时反而得不偿失，而按时休息反而效率更高——这也是刻苦者和轻松者效率对比的另一个体现。

最后，要灵活掌握学习时间。如果你只能集中注意力 5 分钟，那就在 5 分钟后适当休息；如果你进入了状态，25 分钟过去后还想继续学习，也完全没问题，你感觉累了，就可以停下来，并适当延长休息的时间。一项对时间记录应用程序数据的分析发现，工作效率高的人的平均持续工作时间为 52 分钟，休息时间为 17 分钟。关键在于，这些超级工作者专注工作时，他们专心致志；而当他们休息时，他们也真的是在休息。

现在，你一定已经理解番茄工作法就是间歇专注在小块时间中的运用，但如果面对寒暑假这样的大块时间，我们又该如何进行间歇专注呢？

双峰模式

这是一个很现实的学习场景。

寒暑假期间，很多人想利用这些自主时间来提升自己。但经历过的人都知道，想在大块的自由时间里高效学习其实非常难，稍有不慎就会因为规划模糊而陷入低效状态，或因沉迷娱乐而进入失控状态。不过，只要我们学会用双峰模式规划时间，就可以避免这个问题。

所谓双峰模式[①]，就是把可用的大块时间分成两部分：先在第一部分时间里（通常是上午或最开始学习的时间）进行深度学习，此时尽可能保持极度专注，形成第一个"峰"；再在第二部分时间里处理其他事情，包括放松和娱乐，此时也应尽情投入，形成第二个"峰"。

如果用图形来示意，我们会发现双峰模式是一个放大版的间歇专注，也是一个大号的番茄时间（见图3-5）。

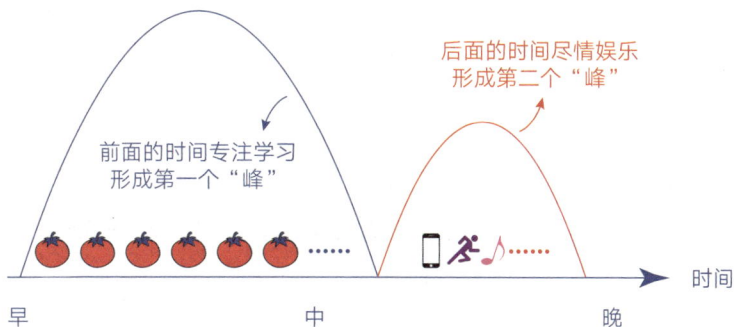

图 3-5　双峰模式

双峰模式最大的好处就是兼顾了要事优先和劳逸结合，它让我们在提高学习效率的同时不再害怕娱乐的干扰，我们甚至可以主动拥抱娱乐，**只要娱乐活动是自己主动安排的，且在完**

---

① 双峰模式是《深度工作》一书的作者卡尔·纽波特提倡的理念，也是心理学家卡尔·荣格采用的时间管理方法。

成重要的任务之后进行，这种放松就是积极可取的。好的学习需要劳逸结合，经过放松休息，大脑才能更好地恢复精力，并投入第二天的学习中。

过于勤奋的人总想将全部时间用于学习，这样做虽然精神可嘉，但并不科学，而且从长远看也不可持续。事实上，我们不可能也没必要将全部的时间用于学习或提升自己，因为我们每天能够处于深度学习状态的时间是有限的，最多也就 4 小时。

所以，如果你是学生，又正好处于假期，那就请使用双峰模式来安排时间——每天上午用"在学校上课或考试的节奏"来学习和做作业，完成任务后，就把学习任务放到一边，尽情地玩耍。千万不要磨磨蹭蹭一整天，学也学不好，玩也玩不尽兴，更不要先娱乐再学习，否则你会直接陷入低效、懒散、怠惰的泥潭。

另外，我建议你在学习文化课之余主动培养一个与之无关的技能来打发时间，比如你可以练习舞蹈、钢琴或魔方等。因为拥有这些技能比一味地看手机或玩游戏不仅看起来更酷，而且它们可以激活大脑中负责运动的脑区，关闭已疲惫不堪的抽象逻辑脑区。**这种交替使用脑区的积极休息使大脑的利用率更高，比起单纯地看手机、玩游戏等消极休息，它也能使大脑得到更好的放松。**所以，当你听到有人说"学习才是最好的休息"这样的话时，千万不要想当然地认为对方是在"打鸡血"。如果对方遵循类似"一文一理、一动一静"的搭配方式，那他很可能是个学习高手。

要事第一

一定要先做重要的事。这是我在专注力这个主题上想提醒你的最后一点，因为注意力的使用会有"增强回路"效应。

所谓增强回路，简单地说，就是你做了一件事，它的结果会强化你做下一件事情的动机。就像两个小孩发生了争执，一个小孩打了一拳，另一个小孩就更用力地踢一脚，他们每一次反应都会强化矛盾，升级暴力。我们对**注意力的使用同样遵循这个规律，最初的选择会影响行为自动增强的方向。**

所以，如果我们一开始就娱乐，那么我们的注意力就会被好玩有趣的事情一路吸引，回路不断增强，注意力呈"无限扩散"状态。同时，情绪一旦适应了轻松有趣的状态，便会期待获取更多轻松有趣的信息，这样又形成了一个情绪增强回路。一天才刚开始，注意力和情绪就受到了影响，面对困难、枯燥的学习和工作时，就不容易进入状态了（见图3-6）。

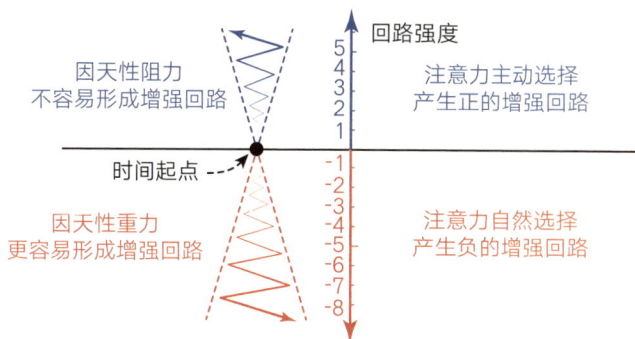

图3-6 注意力的增强回路

注：图上水平的线代表正负回路分隔线，上方代表正回路，下方代表负回路

反过来，我们也可能进入另一种状态。如果每天起床后我们能刻意避开轻松和娱乐的吸引，先去读书、锻炼或做作业，精力就会呈聚合状态，并自动增强。比如，起床后先去阅读，读得越多，脑子里的问题和感触就越多，反过来又会产生更强烈的阅读欲望，回路逐渐增强。行动回路一旦增强，我们就会进入高效和充实的状态，此时我们哪还有精力去关注那些可看可不看的消息呢？**注意力的增强回路是正向的还是负向的，很大程度上取决于我们最初的选择**，这也是老生常谈：要事第一！

当然，启示还不止这些，如图 3-7 所示，**在增强回路的起点，做出有利选择所消耗的自制力是最小的，如果等负的增强回路形成，再想改变就难喽！**

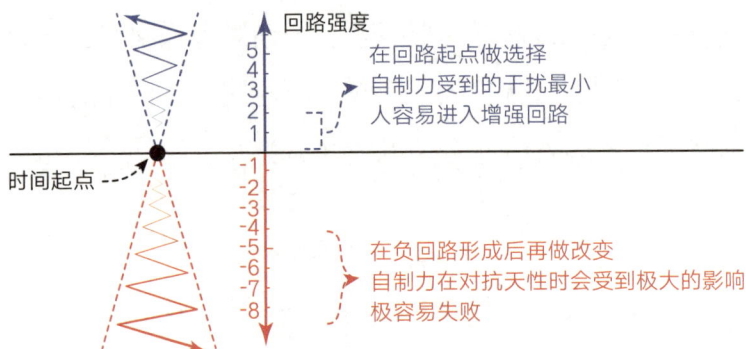

图 3-7　在增强回路起点做选择难度最小

注：图上水平的线代表正负回路分隔线，上方代表正回路，下方代表负回路

好比你在沉迷游戏已久、各种短视频刷个不停的时候，再想心无杂念地学习，怕是没那么容易了！所以，好钢要用在刀刃上，**在初始阶段，强迫自己先做重要的事情，一旦进入正向**

的**增强回路，你便能拥有强大的专注力。**事实上，这也是增强自制力、提升行动力的秘密，且这个秘密适用于所有人。

最后，我想用万维钢[①]的一段话来结束这个话题，这段话总在我犹豫不决的那一刻起关键作用。

现在你有空闲时间，摆在你面前的是一本书和一部手机，你拿哪个？其实拿起哪个来，你都可能花很多时间在上面，关键就在于那一刹那的选择。选择书的那一刻可能有点痛苦，一旦读进去就不痛苦了。

共勉!

本节要点

1. 与其用毅力追求长时间的持续专注，不如用"偷懒"的方式追求短时间的间歇专注。

2. 优等生们从不过度消耗自己，只要感到精力不足，他们就停下来主动休息。

3. 小块时间用番茄钟，大块时间用双峰模式，其核心都是间歇专注。

4. 一定要先做重要的事，让注意力形成正向的增强回路。

---

① 万维钢，美国科罗拉多大学物理系研究员，著有《万万没想到：用理工科思维理解世界》《学习究竟是什么》等作品。

第四章

反馈——学习的方法

第一节
进步小秘密：反馈、反馈、反馈

《认知升级》的作者刘传小时候有段神奇的学琴经历：他从零开始学电子琴到考上十级只用了 2 年，而同龄人取得这一成绩通常要 4 ~ 5 年。更神奇的是，直到考上十级，他都没有学过一点乐理知识，而他的老师也从来不让他学理论。那么他的老师究竟是怎么教的呢？

老师先示范左手，再示范右手，再合起来弹一遍，让我大概知道这一首曲子出来是什么样子。接下来一周我就要努力练成这样子，周末的时候验收。不通过，继续练，通过，再到下一首曲子。如此循环两年，最后练成的曲子直接达到十级。在学习过程当中，完全不接触音乐理论。

至今刘传依然非常感谢他的音乐启蒙老师。虽然不知道乐理，但这并不影响他完整流畅地演奏给别人听，并由此收获即时的夸奖和赞扬。这种反馈会像海浪一样一遍遍冲击着信心这块沙滩，让他始终沉浸在弹琴的乐趣里。

反观现在，多少孩子因为要学习系统枯燥的理论而长期处于乏味的基础练习中——乐理、指法、音律、节拍……家长们要求孩子一遍一遍地练习，多半不是为了马上给他人表演，而是为了完成考级。由于长时间收不到外界的正向反馈，孩子们逐渐将学习视作内心抗拒但又不得不完成的任务。家长们投入了大量金钱，孩子们投入了大量时间，最终却不得不走上"从入门到放弃"之路。

对比二者不难发现：**是否有及时、持续的正向反馈，正是产生学习效果差异的关键。**

回到刘传学琴的经历。其实刘传有此成就一点也不神奇，因为我们每个人从小就是这样学会说话和走路的。没有人从拼音规则、字母发音开始学习说话，也没有人从力学原理、肌肉控制开始学习走路，我们只是不断地模仿和练习，直接去说、去走，从环境中持续获得反馈，体会乐趣，修正不足。最终，在不知道任何原理的情况下，我们就会说了，也会走了，而且做得还相当不错。

上天给了我们生命的同时，也赋予我们一个强大的学习方法，只是我们不知不觉地忘了它。自从有了文明和理性，人类的学习就逐渐转向了以原理、基础为导向的系统学习，这种方式看似高效，但往往过于注重输入和练习，忽视了输出和反馈，使学习过程变得痛苦、无趣。天下苦学久矣，是时候回归学习的本源了。

无反馈，不学习

在现实生活中，大多数人缺少输出和反馈意识，虽然他们极其理性，甚至能以超越常人的毅力不断地激励自己努力，但最终收获的仍然是痛苦和失败。

比如一名大二的学生"无悔"曾告诉我，他每天从早学到晚，学 6 天休 1 天，如此付出，收获的却是无力和疲累；而另一位读者"傅琴"女士也说，为了应对生活危机，她不停地学习瑜伽、写作、肚皮舞、英语口语、绘画、茶道等各种技能，但内心始终得不到满足，感受不到自我价值。

所有处于类似困境的学习者，无论在校的还是在职的，无不认为只要自己努力地输入，不停地学，就一定能学有所成，然而现实总是令他们失望。他们似乎从来没有考虑过要尽快产出点什么，以换取反馈，通过另一种方式来激励自己。也许是因为在人造的学习体制内待久了，有些人很难相信"跳过原理，直接实操"的方式是有效的，他们认为这种方法不过是奇技淫巧，强大的毅力和认知才是学习的正道。

对于这种观点，脑科学家提出了不同的意见。在他们看来，持续的正向反馈才能真正激发本能脑和情绪脑的强大动力。因为人类强大的本能脑和情绪脑虽然没有思维、短视愚笨，时常沉溺于游戏、手机、美食、懒觉……**但它们超强的欲望和情绪力量是非常宝贵的行动力资源，如果能让它们感受到学习的乐趣，它们同样会展现强大的行动力，让自己像沉迷于娱乐一样**

沉迷于学习。

我们的理智脑虽然聪明、有远见，但它势单力薄，真的不适合亲自上阵，真正需要它做的，是运用聪明才智去制定策略，让本能脑和情绪脑不断接受强烈的正向反馈，愉悦地朝着目标一路狂奔（见图 4-1）。

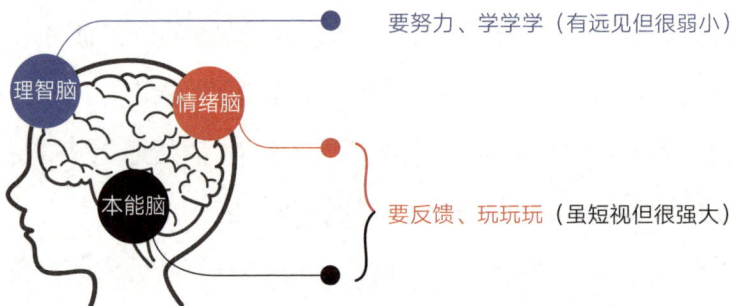

图 4-1　本能脑和情绪脑是学习的发动机

所以，科学的学习策略是产出作品、获取反馈，驱动本能脑和情绪脑去"玩玩玩"，而不是一味地努力坚持，让理智脑苦苦地去"学学学"。 这看起来很违反直觉，但它确实成为优劣学习者之间无形的分水岭。

情绪反馈和认知反馈

在校学习的同学可能认为上述场景不适用于自己，因为他们认为自己在学校里学习属于被动学习——不仅无法选择学习内容，课业负担也很重，所以很难像职场人那样用充分自由的时间去产出作品、获取反馈。事实上，只要我们理解了反馈的底层逻辑，在被动学习的场景中同样可以建立正向反馈。

正向反馈通常包括**情绪反馈和认知反馈**两方面。

- 情绪反馈，即有人因为你的表现而肯定你、赞扬你，或做这件事本身就让你感到很愉悦，所以你愿意继续去做并做得更好。

- 认知反馈，即有人告诉你什么是对的、什么是错的，让你知道该往哪个方向改进。

情绪反馈和认知反馈往往是相互交织、相互推动的。

比如，刘传每周学会一首曲子并以此获得他人的肯定，这就是外界给他情绪上的反馈；而老师每次告诉他哪里弹得好，哪里弹得不好，应该怎么改进，这就是外界给他认知上的反馈。有了这两种反馈，他弹琴的水平就会越来越高，动力就会越来越强，于是在两年内达到十级的水平。

学霸们的错题本也是如此。他们通过测试把暴露的盲点集中在一起重点攻克，让自己始终游走在学习的拉伸区，自然进步最快。学霸之所以是学霸，不是因为天生如此，而是因为他们仰仗反馈，明晰了盲点，从而比其他人领先了那么一小步，而每一小步的领先都会让他们收获更多赞扬和肯定，同学们觉得他们厉害，他们也认为自己是个"天才"。不知不觉间，"小的正向反馈"带来了"大的正向反馈"，他们的学习也进入了正向循环。

只是很多同学对错题本不以为意，要么不去写，要么写了不去看，要么去看时因为感到痛苦而回避，转头回到舒适区里转悠。在让自己的情绪脑体会到学习的快感之前，我们总得先逼自己一把，对吧？

所以，我们在学习的过程中应该多想办法制造这两种反馈。

比如，在学习英语时不要满足于每日单词打卡，而要尝试去阅读难度适中的英文原版书，让自己直接感受到应用单词的乐趣；学习书法时不要一个人埋头苦练、盲目摸索，而要请教老师、购买课程，用新知来指导自己精进；练习舞蹈时可以多拍摄视频，用外部视角观察自己的动作等。

事实上，**就学习知识而言，获取反馈最好的方法是进行自我测试。**

据我所知，为了提高学习成绩，很多同学采用的方法往往是一遍一遍不停地学，结果不仅成绩提高有限，还感觉自己学得很机械、没有动力，而真正善于学习的同学往往会通过自我测试主动制造反馈。

他们背单词，不是一遍一遍地看，让所有单词都"看着眼熟"，而是合上书测试自己能否精确地说出单词的含义、发音，并将其拼写出来；他们练听力，不是指望每天重复听音频就能毫不费力地"熏耳朵"，而是回过头来对照原文，不断重听没听懂的地方。

通过测试，自己哪里会、哪里不会就立即掌握得清清楚楚，我们可以精准消灭盲点，让自己始终处在学习舒适区边缘。那种"翻开书全会，合上书全废"的无反馈式努力正是我们被动、落后的表现。

从这个角度看，我们对考试的态度也应该发生转变。因为考试虽然会给我们带来巨大的压力，考不好也会让我们受到一定的打击，但考试也会暴露我们的问题，它会给我们清晰的反馈，告诉自己该往哪个方向改进。所以，同样面对考试失利，有人终日沉浸在受挫的情绪里，有人却将它视为重振自己的跳板，两种不同的态度必然产生不同的学习效果。我想你一定希望自己能成为后者。

一个心态开放的人会感激生活中的痛苦和挫折，因为对他们来说，**痛苦是上天给自己的成长提示**，毕竟没什么事是比这更直接的反馈了。

特别说明

刘传的学琴理念，即跳过原理，直接实操的方式仅适用于学习的初级阶段。也就是说，采用这一方式，你快速达到 60 分的水平是可以的，但到了中级或高级阶段，仍然需要系统学习原理，否则走不远。

正如刘传坦言："到了进阶水平，这种经验型的学

习方法就暴露出了缺点。比如我的创作完全靠灵感，没有方法论，灵感只能靠等。再比如，我的大脑处理同一级和弦在不同调之间的迁移能力很差，同样的和弦，换一组调我就不知道怎么弹了。"

不过，反馈的规律是贯穿始终的，无论什么时候，只要能通过产出换取反馈或通过寻求指导获取反馈，你就会不自觉地去钻研探索。

本节要点

1. 是否有及时、持续的正向反馈，正是产生学习效果差异的关键。

2. 科学的学习策略是产出作品，获取反馈，驱动本能脑和情绪脑去"玩玩玩"，而不是一味地努力坚持，让理智脑苦苦地去"学学学"。

3. 正向反馈通常包括情绪反馈和认知反馈，前者让你愿意继续做得更好，后者让你知道该怎么做得更好。

4. 对于背记或理解类的学习，获取反馈最好的方法是自我测试。

5. 保持开放的心态，因为痛苦是上天给我们的成长提示。

第二节
学习三剑客：关联、强化、提取

樊登[①] 在《认知天性：让学习轻而易举的心理学规律》的推荐序里分享过一个有意思的学习经验。

我上中学的时候经常被班上的女生"围攻"，原因是她们说我都没有努力过，凭什么学习成绩那么好。

我从不相信自己有什么天赋，因为学习真的不容易。但我特别爱考试，没有测验的时候，我就和同学互相出题考着玩。每次大考之前，我不会一遍一遍地看书、看笔记，而是拿出一张大纸，靠自己的回忆把这学期学习的公式、重点、单词、生字、诗词都默写一遍。每门课用一张纸。遇到想不起来的，就使劲想一会儿。最后才查书，补充完善这学期的知识图谱。这样一来，上考场的时候就不会遇到特别意外的题目了。我忘记了这个方法是我自己发明的，还是我爸爸教给我的，总之有效。

通过上一节的知识，你一定知道樊登学习的秘诀就是通过自测获取反馈。但仅仅看到这一点还不够，因为他的经验里还

---

① 樊登读书创始人。

藏着另一个关于学习的秘密：**提取。**

所谓提取，就是在学习后（最好隔一段时间）进行自测并回忆，从记忆中提取信息。用专业术语来说就是"检索练习"，这种练习不仅可以给我们反馈，还可以让我们对所学知识加深理解、强化记忆，所以它也被研究者称为主动学习的核心。

不过，要想了解"提取"的奥秘，我们需要先了解"关联"和"强化"这两个概念在学习中的作用。只要掌握了它们，我们就可以让学习三剑客为我们服务。

学习剑客一：关联

"关联"的意思很好理解，简单地说，就是将两个事物联系起来。

比如，我们想要记住并掌握一个单词，就需要知道它的读音、拼写、含义，还要在一些场景中运用它。一旦掌握了这个单词，我们就会从声音、视觉、思维、场景等方面和它建立关联。它们之间的连接越多，我们对这个单词的理解就越深刻，记忆也就越牢固。

这就好比我们在一个房子四周修了很多条路，我们就能从各个方向到达房子那里，就算其中的一两条路因为长满野草而被废弃，我们也能通过其他的路达到。所谓"条条大路通罗马"，描述的就是这个场景（见图 4-2）。

关联越多，"路"越多

运用场景1		读音
运用场景2	单词	拼写
运用场景3		含义

图 4-2 关联就是围绕知识"修路"

以上说的是单个知识点，如果我们再将各个知识点进行连接，就可以形成一张巨大的知识网络。就像很多房子通过无数条路相互连接，就可以形成村落、城市。"交通网"越密集，我们对知识的理解、记忆、运用和创意就越厉害。

所以，从宏观上看，**学习的本质就是不断在知识之间建立连接**。如果我们能跑到大脑内部去观察，也会发现，无论学知识还是学技能，其微观层面上的本质也是两个或多个神经元细胞建立连接并形成强关联的过程。

一旦了解了这一点，我们就很容易明白阿尔茨海默病，即老年痴呆症是怎么回事了——大脑中的神经元连接开始断开，患者会逐渐想不起过去的人、事、知识和技能，甚至连自己的亲人都会忘记。

研究者发现，人的大脑大约从 35 岁以后开始萎缩，在 50 岁和 70 岁左右经历两次自然衰老，第一次衰老会失去一些创新连接的能力，第二次衰老则会在唤起记忆方面出现问题。

坏消息是这个过程像温水煮青蛙，我们对此毫无察觉，且老年痴呆症一旦出现，其结果几乎是不可逆的；好消息是我们可以通过学习来预防。研究人员指出，一个持续学习新事物的人可以不断激发大脑神经元细胞产生新的连接。当然，这类学习指的是那种对你来说是**全新的，需要你全神贯注、花费大量精力才能学会的东西**，比如学一种新的乐器、没跳过的舞蹈或阅读等。如果只是运用已经熟练的技能，比如看报纸、上班、说母语等，则无助于大脑神经元产生新的连接。

从这个角度看，**一个人真正的衰老是从大脑的衰老开始的，而学习是减缓衰老最好的武器。**可惜的是，很多人离开学校后就很少主动学习新事物、新技能了，所以我们总会看到这样的现象：有些人到了八九十岁，依然思维敏捷、妙语连珠，而有些人虽然年纪不大，但思维混乱，反应迟钝，二者有天壤之别。这也是我们要终身学习的原因之一。

学习剑客二：强化

"强化"的意思也很好理解，就是把"路"修宽（见图4-3）。

如果说我们对某个知识建立了关联，那连接知识的"路"必然是有宽有窄的。可想而知，比起长满杂草的羊肠小道，我们更容易从宽阔的路到达目的地。而拓宽道路最简单的方式就是重复走，就像鲁迅说的："世上本没有路，走的人多了，也便成了路。"所以，在学习中，反复运用所学的知识，我们对它们的记忆自然会更深刻。

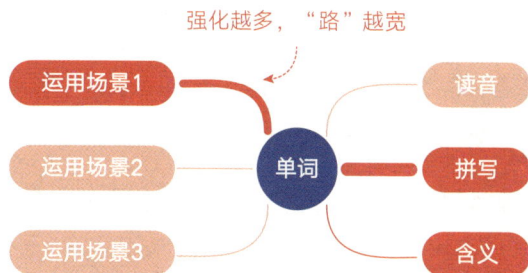

强化越多，"路"越宽

运用场景1
运用场景2
运用场景3
单词
读音
拼写
含义

图 4-3 强化就是把"路"修宽

拓宽道路的方法还有很多。

比如，一些新奇的解释可能会让你印象深刻。我曾经在短视频里看到一位英语达人分享 phenomenon（现象）这个单词的记忆妙招，她是这么描述的。

有人放了一个屁（p）。

是他（he）放的吗？

不是（no）……

是我（me）放的吗？

不是（no）！

原来是你（n）！！！

到现在为止，我都不知道这个单词怎么读，但我记得它的意思和拼写。我敢肯定，我大脑中关于这个单词的拼写的那条"路"一定很宽、很牢固。

科学研究证实，与情绪密切相关的经历和知识，可以被记得很牢。比如某次考试你因为写错了 phenomenon 这个单词而错失了"优秀"级别，那你一定会对这个单词印象深刻，因为它融合了你某些痛苦情绪。另外，我们在学习过程中调动的感官越多，我们对事物的记忆也会越牢固。

当然，更普遍有效的方法是下一位剑客的招数——提取。

学习剑客三：提取

"提取"就像一个道路检修工人，他一旦开始工作，就会不停地做两件事：

一是检查那些连接是否还在；
二是对连接进行修复或强化。

提取之所以有效，是因为它属于**主动学习**。

关于主动学习，我们一定要了解一下"学习金字塔"。1946年，美国学者埃德加·戴尔提出了"学习金字塔"理论。之后，美国缅因州国家训练实验室也通过实验发布了"学习金字塔"报告，报告称，人的学习分为被动学习和主动学习两个层次（见图 4-4）。

被动学习：如听讲、阅读、视听、演示，这些活动对学习内容的平均留存率分别为 5%、10%、20% 和 30%。

主动学习：如通过讨论、实践、教授给他人，将被动学习的内容留存率分别提升到 50%、75% 和 90%。

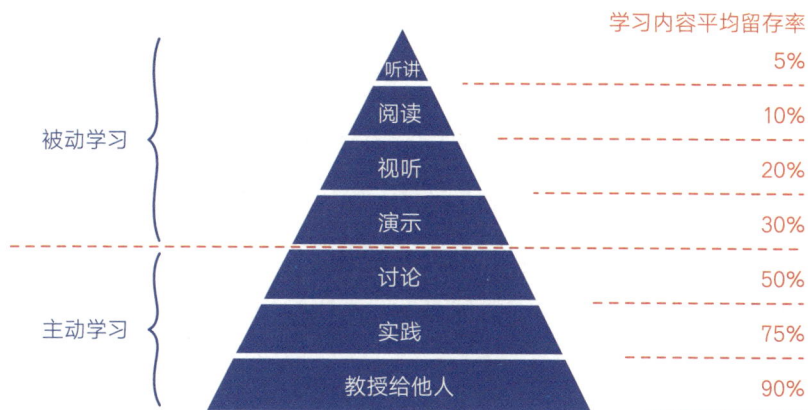

学习内容平均留存率

听讲　5%

阅读　10%

被动学习

视听　20%

演示　30%

讨论　50%

主动学习

实践　75%

教授给他人　90%

图 4-4　学习金字塔

可见，我们平时在学习中的很多习惯属于效率较低的被动学习，比如不停地看书复习、在书中做重点标记、听别人讲解等。这看起来很努力，但实际上它们对大脑的刺激微乎其微，犹如蜻蜓点水。

而另一些学习习惯则完全不同，比如学习之后合上书向自己提问、到实际场景中去运用或用自己的语言把学到的知识讲给不懂的人听，等等。这些习惯做起来一定会更难，但它们会深度调动并强化大脑中的连接。

《学习之道》一书的作者芭芭拉·奥克利曾明确指出：主动的回想测试是最好的学习方法之一，比坐在那儿被动地重读材料要好得多。《暗时间：思维改变生活》的作者刘未鹏也说：教是最好的学，如果一件事情你不能讲清楚，十有八九你还没有完全理解。当然，教的最高境界是能用最简洁的话让一个外行人明白你讲的东西。

所以，在今后的学习中，我建议你尽量远离被动学习的习惯，积极运用主动学习的习惯。就像樊登那样，在学习之后，合上书多考考自己，看看自己能回忆起多少内容，能否用自己的话把所学的内容说出来，能否提出自己的问题，能否把概念讲出来，能否在课本外找到例子，能否将新知识和已经掌握的知识联系起来……

不要反复阅读课本，也不必等真正的考试来临才做准备，我们平时就可以进行"低权重的小测验"。因为只要一测试，我们就知道自己最薄弱的学习环节在哪里；只要一回想，我们就能重新巩固记忆；只要一教授，我们就能强化新知与已知之间的联系。

关联、强化、提取就是学习的三把利剑，请务必善用它们。

本节要点

1. 关联就是围绕知识"修路"，强化就是把"路"拓宽，提取则是"检修公路"。

2. 远离被动学习，主动进行测试、回想和教授。

第五章

匹配——学习的规律

第一节
难易匹配：攻无不克的学习之道

一位著名科学家有这样一件往事。有一次，他回母校，看到校门口挂着一条横幅，上书"书山有路勤为径，学海无涯苦作舟"。他坚持让校方把横幅拿下来，自己重新题了一幅字："书山有路勤为径，学海无涯乐作舟"。他将"苦"改成了"乐"。

对于这个改动，我极为赞同。因为在学习时，我们不仅需要刻苦的精神，更需要通过科学的方法让自己感受到学习的乐趣，就像第四章所说的："**科学的学习策略是产出作品、获取反馈，驱动本能脑和情绪脑去'玩玩玩'，而不是一味地努力坚持，让理智脑苦苦地去'学学学'。**"

不过，一定有人认为只有学霸才能做到这一点，自己作为一个普通人，哪有什么机会得到外界的正向反馈呢？其实不然。因为反馈始终是相对的，只要我们把标准和期望值降低一点，低到自己完全可以胜任的程度，就一定能收到反馈，至少这样能让自己体验到成就感。

这听起来像一种自我欺骗和安慰，不过等你读完下面的内容，就一定会明白这其实是一种大智慧。我把这种智慧称为**匹配**。

匹配的智慧主要体现在难度匹配、强度匹配和速度匹配三个方面。只要掌握了这三种匹配技巧，我们就能在学习上进退自如、攻无不克。

难度匹配

假设你现在的学习成绩一般，心里迫切希望快速提高成绩，有没有什么好办法呢？这个问题同样被学习专家李晓鹏读中学的侄女赵璐问到过，他在《学习高手的三驾马车》一书中的回答，非常值得参考。

他只说了 3 个字：凭感觉。

这答案让赵璐简直不敢相信。对此，他解释道："不管你现在是什么水平，这一招都管用——就是凭感觉！那些一眼就能看出答案的题目，不用理它；一眼看过去就头痛、不知道在说什么的题目，也不用理它；只有那种大致能看出点思路，但又要动点脑筋的题目，一定要多做。这个就是中间地带，是你能够进步最快的地方。"

不知道这段话有没有让你想起第一章中提到的能力圈法则？它提示我们学习的最佳区域就是舒适区边缘，而李晓鹏这个方法的核心就是关注这个最佳区域（见图 5-1）。

他所说的"凭感觉"是一种筛选学习内容的方法，因为如果单纯运用理性，我们通常会向优等生看齐，把眼光放在那些最难的题目上，想着如何追赶他们；如果顺从天性，我们就会在最简单的题目上打转。

能力圈法则　　　　　　　　　　李晓鹏的学习方法

困难区
拉伸区
舒适区

在困难区，容易因畏惧而逃避　　　　　　完全不会的题目
　　　　　　　　　　　　　　　　　　　不要理

在拉伸区（舒适区边缘）　　　　　　　　有点思路的题目
既有成就又有挑战，进步最快　　　　　　要多做

在舒适区，容易因无聊而走神　　　　　　一看就会的题目
　　　　　　　　　　　　　　　　　　　不要理

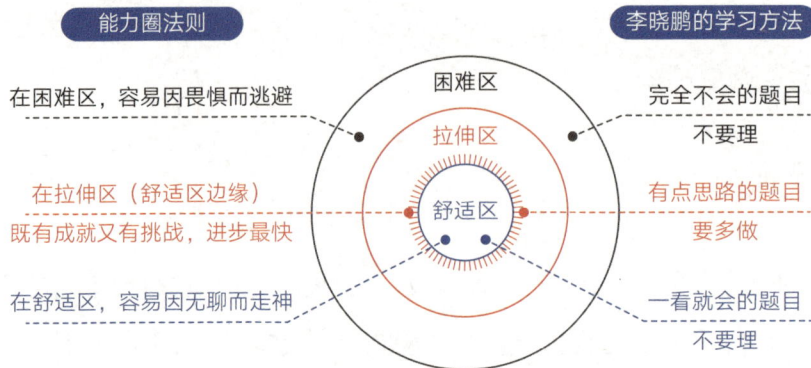

图 5-1　在舒适区边缘学习进步最快、成就感最强

　　想想看，我们在学校里是不是经常看到这样的现象：那些成绩不好的同学想要奋起直追，想到的第一件事往往是努力比拼，于是他们也和成绩好的同学一样去做那些比较难的题目，结果人家学得挺轻松，自己却学得很痛苦，双方的差距越拉越大。**因为学习同样的内容，成绩好的同学可能刚好在拉伸区，但自己可能在困难区。此时，正确的做法应该是先沉住气，主动降低学习难度。**

　　知道这个原理以后，我们就应该花大量的时间去梳理哪些内容处在自己的拉伸区，即梳理那些 **"会做但特别容易错或不会做但稍微努力就能懂"** 的内容，然后在这个区域内努力。事实上，考试就是一种筛选，那些出错的题目往往就在你学习的舒适区边缘，如果能围绕这些错题彻底掌握背后涉及的知识点，我们就可以快速提高学习成绩。可惜的是，很多人只满足于订正，一旦知道正确答案，就会习惯性地停下脚步，这就浪费了绝佳的提高机会。

在写作业的时候，我们也应该采取这样的策略：对于完全会的题目，用最快的速度完成；对于完全不会的题目，不要恋战，应赶紧跳过，尽可能把省出来的时间用在那些对自己来说稍有难度但有可能突破的问题上。不用担心那些完全不会的题目，因为**随着能力圈的扩大，原来那些不懂的内容会慢慢从困难区进入拉伸区**，只要你持续在舒适区边缘学习，就一定能掌握它们。当然，如果老师也能遵循这个规律，因人而异地布置作业，那自然是最好的。

如果你已经为人父母，那就应该花大量的时间探寻孩子的拉伸区，然后指导他们在舒适区边缘努力，而不是看到孩子成绩不好就一味冲他们发脾气，说别人家的孩子如何如何，对标优等生，给孩子加学习量、加难度，这样做往往会适得其反。

但说实话，**主动把学习标准从困难区降到舒适区边缘是需要勇气的**，因为在同学们都努力向前而自己却主动后退的时候，我们心里会本能地产生一种不安全感，会担心自己落在队伍后面。这或许是对我们最大的考验，但请你一定坚信，暂时后退是为了更好地前进，因为只要遵循规律，我们必然可以在扩大能力圈的同时收获成就感。

当然，还有一些人喜欢在舒适区内打转。比如，他们喜欢在书上做标记、重复阅读材料或反复做自己已经会的题目等，对于这类习惯，我已经给出了解决办法——测试回想，它会"逼迫"大家走到舒适区边缘去努力。

不过，说了这么久的"在舒适区边缘努力"，那究竟做到何种程度才算在舒适区边缘呢?

这需要结合你的学习现状来把握。如果你今年刚读初一或高一，距离中考或高考还有较长的时间，那么你可以用"8：2"的比例来把握，即**八成是熟悉的，两成是陌生的；八成是容易的，两成是困难的；八成是熟练的，两成是有挑战的。**[1] 这个程度会让你的学习非常从容。如果你现在距离中考或高考已经比较近了，那就应该适当调整比例，但无论如何不能贸然进入困难区，那会使你进步变慢，还会让你变得焦虑。

强度匹配

关于强度匹配，我觉得用读者"Amy 曹"的两段经历来阐述再适合不过了。

第一件事说的是跑步，她说："之前我要求自己每天跑步 1 小时，靠意志力，我坚持了蛮长一段时间，但是最后还是中断了。最近我调整了跑步的时间，改为每次 30 分钟，最好不要少于一周 4 次。调整以后发现，我可以不用太靠意志力去做这件事，而且会主动想办法坚持，并且跑完后会很放松，不像之前那样连续跑 1 小时会很累、很难受。我真的能感觉到现在这种'主动做'和原先那种'靠意志力做'完全不一样。"

第二件事说的是学英语，她说："原来每天学习 1 小时我会

---

[1] 美国亚利桑那大学和布朗大学的研究者在论文《最优学习的 85% 规则》中提到最高学习效率 =15.87%，读者可据此安排学习内容。

烦躁，但现在改为每天学习30分钟，时间一到就不学了。这样，我反而可以坚持每天学，不厌倦。"

最后她总结道："我以前一直以为多花时间才能学好、才能达到效果，其实那是因为自己急于求成，想要快速见效，这样反而不容易坚持。现在降低了难度和标准，自己的行动力反而能持续增强。"

"Amy曹"最可贵的地方在于**主动降低学习的强度**，使自己处在最佳承受范围，既保留了学习的成就感，也保证了学习的挑战性。但对大多数人来说，这种做法是反直觉的，因为当我们想要进步、逆袭的时候，通常都会告诉自己要很努力、很拼，会给自己设定一个很高的标准，还会经常给自己"打鸡血"，告诉自己坚持就是胜利。

"Amy曹"一开始就处在困难区。由于想快速看到改变，她制订了远超自身水平的学习、训练计划，结果因体验太痛苦而中途放弃，这非常像我们常见的激励模式。很多缺少经历的年轻人都是这样的，总想同时实现太多、太大的目标，还希望在很短的时间内实现，于是不自觉地把自己推到了困难区。他们总是兴冲冲地开始，热火朝天地学上几天，然后很快就没劲了——做事情半途而废就是这个原因。

有意思的是，**一旦在困难区坚持不住了，他们就会从一个极端跳到另一个极端，即从困难区逃回舒适区**。比如，他们会沉迷于手机娱乐、暴饮暴食或上网购物等，这其实是他们遇到过大的困难后，不自觉地在心理层面寻找安慰和补偿。

强度和难度往往是一体的。在面临困难又巨大的任务时，我们会下意识地产生恐惧情绪，不自觉地想要逃避，行动力也会急剧下降。为此，我们准备了很多应对策略，比如正视困难，将它们写出来，使之清晰；比如**将大任务拆解为小任务，小到愿意行动**；再比如精简欲望，不要让自己同时做很多事……总之就是想办法降低任务的难度和强度，低到让自己几乎没有畏惧感。因为**保持继续学习的意愿比学习本身更重要。**

速度匹配

速度匹配是一个很容易被人忽略的要素，但它非常重要。

比如，很多人说自己学习时经常分心走神、不够专注，其原因也和上文提到的一样，因为他们并没有刻意关注学习内容的难易程度，也没有调整学习的节奏。

我的朋友宋鼎华是一名高级工程师，平日里大家都叫他"宋兄"，他的孩子正在读高中，学习成绩始终名列前茅，可贵的是孩子从来不上课外兴趣班，学习之余还有不少玩游戏的时间，是名副其实的"学霸"。在一次聚会中，我正好与宋兄邻座，于是试探地问："你在孩子的学习上有没有采取什么特别的方法？"没想到他干脆地说："有的！"我竖起耳朵继续听，他说："就两条，一是像对待考试一样对待家庭作业；二是有问题只找主观原因。"

我听后有些发蒙，心想：这就是所谓学霸的秘密吗？尤其是第一条，我竟然抓不到要领。后来才明白，"像对待考试一样对待家庭作业"就是让孩子保持合适的学习节奏。因为大多数孩子在家里写作业的时候会因为缺少限制而漫不经心，一会儿上厕所，一会儿喝水，遇到不会的就卡在原地发呆或马上求助，这种状态看起来像一直在学习，实际上是在舒适区内磨洋工，不仅效率低，还特别容易出错。而要求像考试一样做作业，他们就必须逼迫自己集中注意力，在最短的时间内做最多的题，并且还要做正确，于是他们不自觉地把自己推到了舒适区的边缘。在这种状态下，孩子必然会极度专注，学习效率和成绩自然会提升。

说到速度，我想把另一位高三读者"木多"的困惑分享给你。

她自述在学业方面非常吃力，尽管自己内心很想变好，但巨大的学习压力和糟糕的学习体验使她终日被低落、沮丧的情绪缠绕，甚至开始信心崩溃。

当问及具体如何学习时，她说："基础的东西我也可以做出来，只是花的时间要久一点。比如一页地理习题可以只错一题，但要花 45 分钟才能完成。"我当即意识到，她的学习观里缺少一个概念，那就是**速度也是一种能力**。

很多人和她一样，以为学习就是理解知识的过程，以为理解了就是掌握了，然后止步于此。殊不知，**对知识运用的频率、速度及熟练度也是学习能力的一部分**。所以，很多人在学习之初感觉并不吃力，但越往后，发现自己越来越搞不定学习了。

而那些成绩好的人，往往会有意无意地把"做对"和"做快"同时列入自己的学习标准。他们不满足于会做，还追求快速做出且不出错。"核聚老师"也提到过这样一个学习铁律：**凡是遇到卡壳、学不下去的情况，只有一个原因——你对此前学过的东西不熟练，没有达到掌握的程度。**

这个道理很简单。比如，一位钢琴练习者，如果他弹的每首曲子都是断断续续的，那么即使他会弹 100 首曲子，也不会有人认为他是钢琴高手。而一个人即使只会弹一首曲子，但如果他能闭着眼睛把那首曲子弹好，也一定会让众人感到惊叹。

所以，无论学习知识还是学习技能，我们都应该在脑子里牢牢树立下面这个观念：**速度，也是能力的一部分。有时候它比理解更重要，甚至是后期竞争中唯一重要的因素。**所以，千万不要忽略学会之后的练习，并且要明确练习的标准。

另外，如果你经常观察那些卓越者，会发现他们平时行动的速度也很快：

- 能用一分钟做完的事，绝不花两分钟；
- 一旦投入学习，就直奔目标，快速进入状态；
- 用学校考试的标准来做家庭作业；
- 刻意提高阅读速度，强迫自己集中注意力；

      ……

这些快速的习惯会把他们带入极度专注的状态，让他们在学习时能聚集穿透问题的能量，所以他们不仅学得更好，还能留出很多时间让自己检查、复习、拓展，甚至放松、娱乐，以此保持优势的正循环。而普通人习惯在学习途中慢慢悠悠、磨磨蹭蹭，半天进不了状态，即使开始学习了，也极容易分心走神。这些都是因为他们缺乏"快速"这个意识和技巧。

快速和优秀之间似乎存在一种因果关系，但这种关系这样表述才更加准确：一个人不是因为学习好才动作快，而是因为动作快才学习好。归结起来，**我们在心态上要"慢"，允许自己在舒适区边缘慢慢拓展；在动作上要"快"，要求自己熟练、迅速。**想透了这些，我们就能让自己正确的学习之路变得更加清晰可见。

总之，**好的学习状态是始终游走在舒适区边缘**，只要坚守这个规律，我们就能体验到学习的成就和乐趣，面对学习困难，我们也会攻无不克。

本节要点

1. 匹配是一种大智慧，它体现在难度匹配、强度匹配和速度匹配上。

2. 聚焦"会做但特别容易错或不会做但稍微努力就能懂"的部分。

3. 将大任务拆解为小任务，小到愿意行动。

4. 像对待考试一样对待家庭作业。

5. 同时追求做对与做快，因为速度也是能力的一部分。

6. 舒适区边缘的掌握尺度如下：八成是熟悉的，两成是陌生的；八成是容易的，两成是困难的；八成是熟练的，两成是有挑战的。

第二节
周期匹配：顺势而为的学习"外挂"

一个善于发现规律并主动遵循规律的人，其学习一定比他人更有掌控感。甚至在某种程度上来说，他相当于开了学习的"外挂"。

外挂，原指游戏玩家利用辅助软件获取不对称优势的工具，而在学习上，我们也可以了解一些难以觉察的生理规律来获取独特的学习优势。为了说得更明白些，我先从一些读者的咨询开始说起。

在诸多读者咨询中，我经常会遇到一些学生朋友这样诉说自己的苦闷：不知道怎么回事，自己突然就——

- 身体疲乏，学一会儿就感觉很累；
- 情绪低落，做什么事都提不起劲；
- 老出差错，简单的事情也做不好；

  ……

反正总有那么几天，感觉生活阴沉沉的，自控力差，没成就感，特别容易生气，也不愿意跟别人多说话。

我猜你肯定也遇到过这种情况。这时候，大多数人都比较迷茫，只会选择硬扛，特别是那些一贯自律、上进的人，他们根本忍受不了这种状态，认为这是松懈和堕落的表现，于是他们给自己打鸡血，逼自己强颜欢笑，增加任务或挑战，想尽办法，试图回到以前的状态。

可惜事与愿违，他们总是把自己搞得很痛苦，于是希望我能给出一些突破的方法。而我只要听到他们的描述符合上述三条中的两条，通常就会给出和他们预期完全相反的建议："不要硬撑，对自己好点，该吃吃、该喝喝、该玩玩……"

他们很吃惊："什么？你是希望我继续堕落下去？"

我说："不不不，我只是希望你顺势而为！"

每每说到这里，我就会向对方解释什么是生物节律。

生物节律

20世纪初期，德国内科医生威尔赫姆·弗里斯、奥地利心理学家赫尔曼·斯瓦波达和阿尔弗雷德·特尔切尔教授经过长期的观察、研究，发现人体中存在一个神奇的生物节律，它包含体力、情绪和智力三个要素，其中体力周期是23天，情绪周期是28天，智力周期是33天。

也就是说，从出生之日起，我们的体力、情绪和智力就会按照"高峰—低谷"的规律产生波动。由于它们各自的周期不同，所以三个要素的波峰和波谷时常会叠加在一起，于是人们就会出现如上文所描述的莫名其妙的沮丧状态，这是因为三个低谷叠加在一起了。

既然有低谷叠加，自然就有高峰叠加（见图5-2）。回想一下，是不是总有那么几天，我们也感觉精力充沛？

- 打篮球时手感超好，运球过人如行云流水，三分球一投就中；

- 学习时记忆力超强，反应超快，可以轻松解决困难任务；

- 就算生活中遭遇打击，也能很快调整状态；

    ……

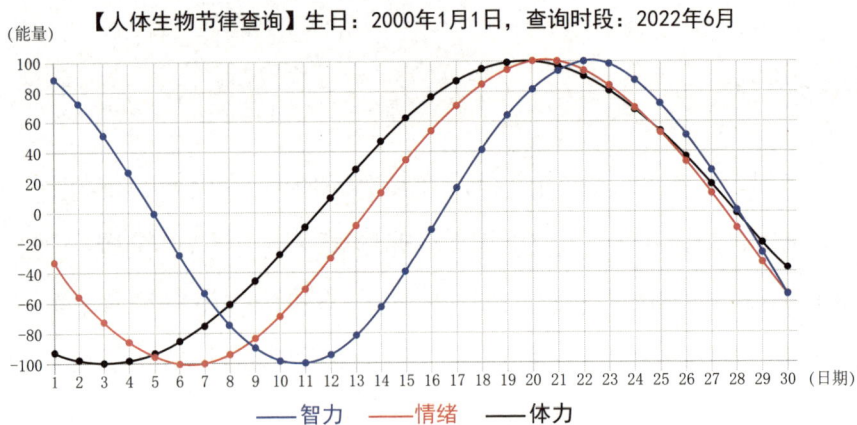

图 5-2　生物节律查询示例

当然，平时不温不火的时候，我们一定是处于上行或下行的过程中。

如今，我们可以通过网络查询自己的生物节律，不过，生物节律周期是否科学、准确，并未得到完全的证实，但不可否认的是，人体生物节律确实存在，所以我们仍然可以将其基本规律作为参考。

这样一来，我们不就相当于有了一个学习"外挂"吗？试想，你知道这个周期规律，就必然会顺势而为。比如，当高峰期来临的时候，你可以挑战那些重要或困难的任务，而不会在这个时候稀里糊涂地玩耍，白白浪费了好时光；等低谷期来临的时候，你也会放弃自我对抗，主动降低任务难度，避免应付复杂关系，或者干脆给自己放个假，等能量积累够了再重新出发。

在别人眼里，这或许是莫名的兴奋或消沉，但在你眼里，却是上行或下行的趋势：你知道自己处于什么位置，知道自己将要往哪里去，一切尽在自己的掌握中。

如此一来，我们就可以对未来进行"预测"了！

"预测"未来

我一直使用这个方法监控自己的状态，不过，我并不完全遵照软件计算的周期来执行，毕竟该理论的准确性还有待考证，稍有偏差，日积月累后精度会也大大降低。如果软件计算的结果有偏差，难免会让我们自我怀疑或产生心理暗示：明明状态很好，怎么显示在低谷呢？

为了避免这种困惑，我就直接采用最简单的"触动法 + 记录法"：**把感觉特别好或特别糟的那几天记下来，然后标出两个相邻的高峰或低谷，这样就可以大致画出自己的生理曲线了**（见图 5-3）。

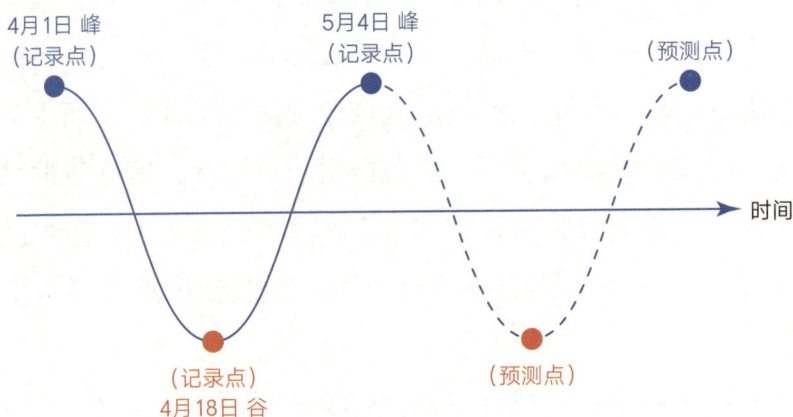

图 5-3　手动记录生理峰谷

这种曲线虽然不区分体力、情绪和智力，但它依然可以显示我们身体状况的基本趋势。而且记录的时候不需要很精确，凭感觉记录就好，即只在感觉非常明显的时候记录一下，平时有没有感觉并没有关系。这样一来，我们只需几个点就可以推演变化趋势。

如果你也能在生活中这样观察自己，那你手中就多掌握了一个特殊的"学习导航仪"。此后，你便能根据自己的周期匹配行动——在生理低谷期，接纳自己，释放压力，不盲目内耗和对抗；在生理高峰期，主动挑战，迎难而上，不沉迷于闲聊和娱乐。如此，你不仅学习事半功倍，生活也将轻松和谐。

当然，如果你是一个有心的老师或家长，也可以用它来观察自己的学生或孩子，说不定你能在很多关键的时候安抚或激励他们，给他们特别的关心和引领。

本节要点

1. 人有生理的高峰和低谷，要顺势而为，不要盲目对抗。

2. 通过记录，规律将显现出来，自己就多了一个特殊的"学习导航仪"。

第三节

节奏匹配：集中火力的突围策略

没想到多年前我学骑自行车的那段经历，竟然蕴含着如此精妙的学习理论。

大概是在小学二年级的时候，我学会了骑自行车，那个年代没有轻巧好看的儿童自行车，清一色的成人"大载重"，小孩子想要骑自行车，只能左手握把，右手握杠，把右脚伸入三角架内使劲蹬骑，费劲得很。现在的孩子可能想象不出这个画面，不过可以通过图 5-4 脑补一下。

危险动作
请勿模仿

图 5-4　老式自行车

　　我那时很羡慕那些会骑车的哥哥姐姐，于是兴冲冲地推着爸爸的自行车出来练习。对一个七八岁的孩子来说，那自行车很大、很重，掌握骑行技巧的难度犹如登山：要么速度刚起来、准备把右脚伸入三角架的时候，车就倒了；要么在大人的把扶下蹬了起来，但大人一松手，方向就跑偏了……前后折腾了两天，我愣是没学会，开始灰心丧气。

　　第二天天黑前，我推着自行车准备回家，经过一个上坡时，脑子里突然冒出一个主意：要不从这个坡上溜下去试试？于是我在坡顶做好准备：把好方向，左脚踩在左脚蹬上，右脚往地上一蹬，顺着坡就往下溜。随着速度越来越快，到了坡底的时候，我居然轻松地把右脚伸进了三角架里，两只脚协调地蹬了起来，并且方向把得非常稳。那一瞬间我觉得自己"自由"了，原来骑自行车这么简单！

　　我就是这么学会骑自行车的。在很长的一段时间内，这次"溜坡"经历都是大人夸奖我的一个话题。很多孩子借鉴这个方法，用不到半天的时间就学会了骑自行车。不过，我很快就淡忘了这件事，直到多年后再次想起并重新审视它的时候，才发现原来这里面蕴藏着一个学习的大秘密。

有利速度

　　长大后，我学习了航空领域有关飞行力学的知识，其中一个"有利速度"的概念让我眼前一亮。这是一个专业知识，不过可以用大白话解释：假设飞机从跑道上从零开始加速，随着速度不断增加，飞机就可以离开地面进入稳定上升的状态；达到一定速度后，飞机就可以进行各种机动飞行了。这个速度增加的过程可以用一条曲线来表示（见图5-5）。

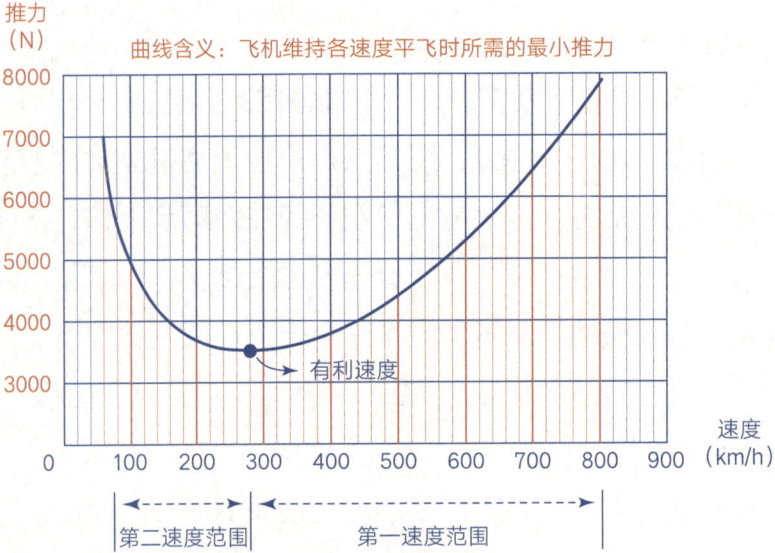

图 5-5　有利速度曲线

这当然不是一个严谨的曲线，不过足够我们理解相关概念了。

在速度曲线的最低处有一个点，我们称之为有利速度点，它把飞机飞行的状态分为两个阶段：在它之前的速度区间被称为"第二速度范围"；在它之后的速度区间被称为"第一速度范围"。

在第二速度范围内，飞机维持平飞需要消耗极大的能量，推力稍微减弱，速度就会很快下降，飞机就会有坠落的危险，而一旦突破有利速度进入第一速度范围，飞机就可以用较少的能量轻松地进行飞行，而且很容易保持稳定，几乎不用担心飞机会"掉下来"。可以说飞行员在空中的所有操作都要首先保证飞机在第一速度范围内工作，并极力避免进入第二速度范围。

这意味着什么呢？意味着二十几年前的那次"溜坡"可能让我无意间突破了骑自行车的有利速度，在那个速度之前，费劲而失败；在那个速度之后，轻松而自由。

带着这个理论知识，我留意到更多类似的现象。

比如物理课本中描述：火箭发射的起始速度如果达到 7.9 km/s（第一宇宙速度，又叫环绕速度），航天器就可以环绕地球飞行，如果小于这个速度，航空器就会坠落；如果起始速度超过 11.2 km/s（第二宇宙速度，又叫逃逸速度），航天器就可以摆脱地球引力的束缚，飞离地球（见图 5-6）。

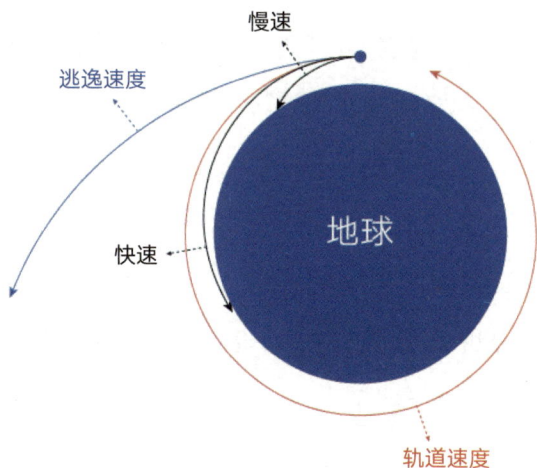

图 5-6 逃逸速度

再比如，汽车在起步的时候，需要低挡位加大油门，而达到一定速度之后，挡位升高，再轻轻一点油门就可以让它极快地加速；刚开始跑步时会非常痛苦，极容易放弃，而一旦跑到一定程度，身体就会持续感受到多巴胺带来的运动快感，从此爱上跑步。

事物底层之间的规律居然如此相通——要想获得"自由"，就要在起步阶段全力加速，快速突破那个领域的"有利速度点"。

如果我们脑中没有这个概念，就可能让自己长期无意识地徘徊在低水平状态，然后在极其艰难的处境中走向失败。

设想一下，如果飞机不达到有利速度，即便全程保持最大推力，耗尽能量，最终也只能摇摇晃晃地回到地面或坠毁；如果火箭达不到环绕速度或逃逸速度，就会永远被地球引力束缚，无法进入自由状态；如果跑步训练没有让身体持续体验多巴胺带来的快感，那断断续续跑再久，也无法获得跑步的乐趣。

同理，那些学习轻松的孩子，可能并不是因为他们有多聪明，只是他们有意无意地消除了知识障碍，在一开始就突破了学习的有利速度点。而那些带着诸多知识盲点的学生始终在这个速度之下艰难前行，在他们眼中，学习真的很难。

这种困难出现的原因，我们也可以用"核聚老师"关于学习的一个比喻来描述。

如果水烧到60℃、70℃的时候，我们把煤气关了，那它就会降温，然后过 10 分钟我们再去烧，烧到 70℃、80℃ 的时候，我们又把煤气关了，那么，我们就算消耗无数煤气也无法把这壶水烧开。

如果我们以这样的方式学习，恐怕用一万年的时间也学不好高中数学。而反过来，如果我们全神贯注，勇猛精进，在一段时间内集中精力专门攻一个主题，那么确实可以用更短的时间学到更多的东西。这就是学习的窍门，这对于我们掌握一项技能来说非常重要。

最后，他留下意味深长的一句话：**别让你的学习成为那壶永远烧不开的水。**

对此，我深表认同。因为很多时候，**突破学习障碍的要领就是掌握好学习节奏，在起步阶段或遇到核心困难时，要刻意集中火力向一个点进攻，直到彻底把它拿下，这样反而会使学习整体变轻松，而不应反复逃避或全程保持不温不火的节奏打消耗战。**

在没有完全投入的情况下，在没有突破有利速度之前，我们不要轻易抱怨、苦恼、愤恨、纠结，因为一旦突破了有利速度，原来所有的问题就会突然消失得无影无踪，就像我刚学会骑自行车的那一瞬间，方向、平衡、协调，突然间都不是事儿了，因为起始速度足够大。

如何突破有利速度

想要突破学习的有利速度，我们可以从以下三点入手。

一要目标明确，方向专一。 就像飞机起飞，沿着跑道一直加速，如果目标分散，一会儿向左，一会儿向右，速度自然是起不来的。

这提示我们在学习过程中不能有太多欲望，特别是当自己有很多科目都比较薄弱的时候，不要急于同时解决很多问题。无论什么时候，我们都要静下心来，提醒自己一次只解决一个问题，而且尽可能把这个问题彻底弄懂弄透，否则我们会陷入"一会儿想学这个，一会儿又想学那个"的摇摆状态，最后导致哪个也学不深、学不好。

二要火力全开，全力投入。 飞机起飞的时候油门加满，甚至要打开"加力"，使用全部推力进行加速；火箭发射的时候浓烟四起、火光四射，使用全部推力进行加速。想要突破有利速度，我们需要在起始阶段聚焦火力于一点，全力持续地突击，以期顺利"把那壶水彻底烧开"。如果缺乏这股劲儿，我们也不要指望自己能轻易突破有利速度。

当然，全力推进并不等于快速见效，它只是告诉我们要在某段时间内持续推进某项学习内容。在这个过程中，我们仍然要遵守在舒适区边缘学习的规律，让学习一点一点地向外拓展。

三要舍得投入，善于借势。 就像我的"溜坡"，借用地形的优势，化势能为动能，也是一种巧妙的借势。将这种借势扩展出去，可以理解为购买经典的学习资料，谦虚地向同学或老师请教，加入优秀的学习团体等，有高手的指点和影响，必然事半功倍。

总之，学习确实是有规律可循的。如果再与前文关联，我们会发现，突破有利速度其实就是让我们的本能脑和情绪脑尽快体会到做这件事的快感，因为它们无所谓你在娱乐还是在学习，只要能感到愉悦，它们就愿意主动去做。

如此，源源不断的学习动力就来了。

本节要点

1. 别让你的学习成为那壶永远烧不开的水。

2. 在起步阶段或遇到核心困难时，要刻意集中火力向一个点进攻，直到彻底把它拿下，这样反而会使学习整体变轻松，而不应反复逃避或全程保持不温不火的节奏打消耗战。

3. 突破学习有利速度的要领：保持单一目标、持续学习攻克、借势他人起步。

第四节

刻意练习：破解难题的万能口诀

学习确实是有方法的，而且这些方法早就被前人研究过、总结过。

其中最为经典的研究成果莫过于心理学家安德斯·艾利克森和科学家罗伯特·普尔共同撰写的《刻意练习：如何从新手到大师》。他们经过大量的研究后指出：*所谓天才，其实并不神秘，其本质是"正确的方法"加上"大量的练习"*。换言之，我们没有变得像天才般卓越是因为方法不对或练习不够。

就方法而言，绝大多数人缺乏指导下的努力都属于**"天真的练习"，即反复做某件事情，并指望只靠那种反复改善表现、提高水平**。这种只靠持续重复的"埋头干"与"正确的方法"相去甚远。"正确的方法"通常包含以下四个特征。

第一，有定义明确的目标。比如你要练琴，那就告诉自己："*连续三次不犯任何错误，以适当的速度弹奏完曲子。*"而不是设定"我要练琴半小时"这样宽泛的目标。目标定义越明确，注意力的感知精度就会越高，精力越集中，技能越精进。如果目标太大，那就将它分解成小目标，这样做也是为了使目标更具体、精细。

第二，练习时极度专注。他们指出，在短时间内投入 100% 的精力比长时间投入 70% 的精力要好，因为专注的真正动力并不是毅力和耐心，而是不断发现技巧上的微妙差异和持续存在的关注点，精力越集中则感知越细微。

第三，能获得有效的反馈。一般而言，不论做什么事情，我们都需要反馈来准确识别自己在哪些方面还存在不足，以及为什么会存在不足。缺少反馈，我们既容易出错，又容易走神，而且很难快速提升个人能力。因此，有教练指导是极好的事，有老师批评也是好的，闭门造车式的练习不仅容易让人分心走神，也会让自己长期在低水平层面徘徊。所以，想方设法得到及时、有效的指导和反馈是不断精进的重要条件。

第四，始终在拉伸区练习。一味重复已经会的事情是没有意义的，但挑战太难的任务也会让自己感到挫败，二者都无法使人进入沉浸状态，好的状态应该介于二者之间。

著名心理学家米哈里·契克森米哈赖在《心流：最优体验心理学》一书中提出这样一个模型（见图 5-7）：当人们对当前的活动感到厌倦时，说明应该提高难度；当人们对当前的活动感到焦虑时，说明应该保持这个水平专注练习，如此反复交替就可以让自己进入心流通道，沉浸其中。

也就是说，我们每天都要做那些让自己感到有些困难但又可以通过努力来完成的事情，即跳出舒适区，避开困难区，处在拉伸区。

以上四点就是刻意练习的四要素（见图 5-8）。

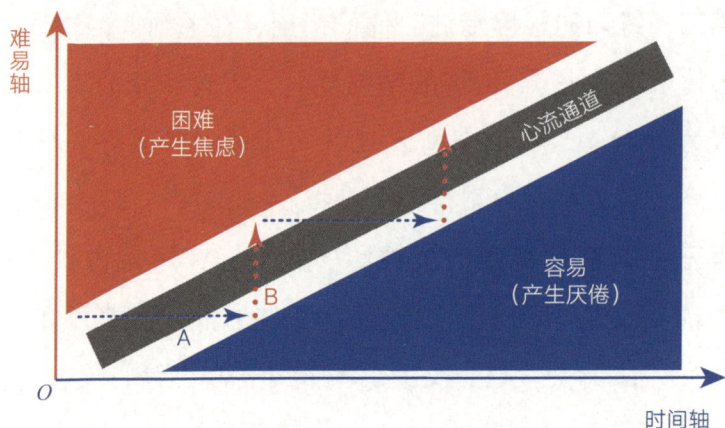

图 5-7　心流通道

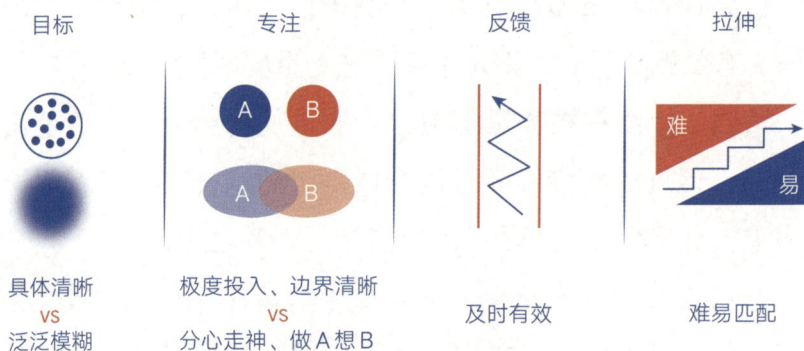

图 5-8　刻意练习四要素

学完刻意练习这个理论的那天，我就开始了实践。

以前女儿练钢琴时，她妈妈会要求她把新学的曲子弹10遍，只要次数够了，任务就完成了，现在我用刻意练习的原则改变了女儿练琴的方法。

我先听她弹一遍，发现有很多不熟练、易出错的地方，于是我要求她今天只练第一节，后面的先不练（把大目标分解成小目标），然后只练刚才弹错的地方（在拉伸区练习），只要能连续流畅地弹 3 遍不出错就算完成任务（目标具体清晰）。在练习过程中，我会及时纠正她的指法和按键错误（及时有效的反馈），这样，她很快就进入了专注状态（沉浸其中），不一会儿就把第一节弹得很好了。

虽然结束时女儿直呼好累，但明显成就感满满，因为她已经不畏惧最难的地方了。如果不这样要求，她就会一遍一遍地弹自己熟悉的地方，难的地方就一带而过，中途还经常会漫不经心地停下来，这样的练习非常低效。

有了清晰、专注、反馈、匹配这四个关键词，我们就有了破解难题的万能口诀。现在，请翻开本书的目录，你会发现第二章至第五章的标题正取自刻意练习的四要素——清晰、专注、反馈、匹配。当然，我只是借用了这些名称，本书对这些关键词的阐述已经远远超过它们自身的范畴。

从现在开始，只要遇到学习困难，我们就可以拿出这个口诀来一一对照，相信绝大多数问题都会迎刃而解。

不过，我仍有一个担心。

我担心很多人会因此停下探索的脚步，因为在大多数人眼里，好的学习方法就是最大的法宝，拥有它们便别无他求了。然而这是一种短见，如果你想成为真正的学习高手，还应该继续强大内心，就像一位剑客仅仅知道剑招和剑术是不够的，因为这些只是低层次的技法，真正的高手一定会掌握更高层次的心法。

现实中的成事规律也是如此，比如"黄金圈法则"[1]就揭示了这一点（见图 5-9）。它把思考和认知分成了三个层次：**为什么**（Why）、**怎么做**（How）和**做什么**（What）。其中，最重要的是为什么，即知道自己为什么要做这件事；其次是怎么做，即知道如何做这件事；最后是做什么，即知道这件事的基本概念以及具体该做哪些事（也指最终呈现的具体结果）。

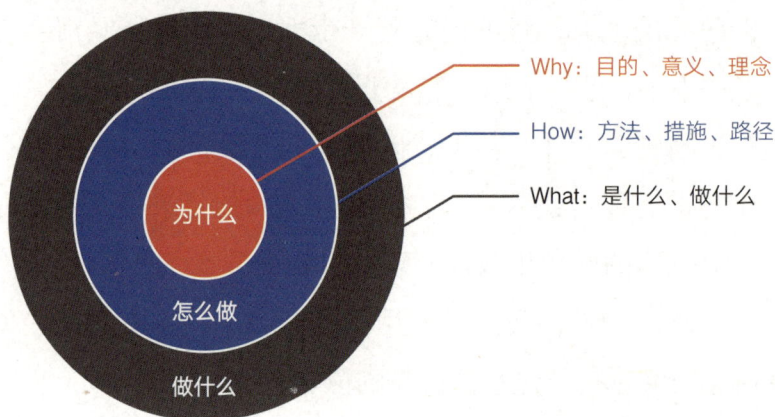

图 5-9　黄金圈法则

黄金圈法则是一个底层思维模型，几乎适用于所有的活动。

就学习而言，我们已经知道"三个大脑""七个小球""一对翅膀"等概念，这些属于学习的 What 层；我们也掌握了"清

---

① 黄金圈法则出自西蒙·斯涅克《从"为什么"开始：乔布斯让 Apple 红遍世界的黄金圈法则》一书。

晰""专注""反馈""匹配"等方法，这些属于学习的 How 层；但我们还没有真正深入学习的 Why 层，去认真思考"学习的意义究竟是什么""我们为什么要学习"等高级主题。

"为什么"永远是最重要的。

正如法国著名童话《小王子》的作者安托万·德·圣埃克苏佩里的名言：如果你想造一艘船，先不要雇人去收集木头，也不要给他们分配任何任务，而是去激发他们对海洋的渴望。

让我们收拾行囊，继续向学习的深处进发吧！因为只有在学习的目的和意义上真正想通了，我们才能真正激发内心深处源源不断的学习原动力，才能让这些学习技法发挥最大的威力。

本节要点

1.清晰、专注、反馈、匹配既是刻意练习的四要素，也是破解学习难题的万能口诀。

2.为什么、怎么做、做什么是黄金圈法则的三个层次，其中最重要的是知道自己为什么要做这件事。

下篇

学习的心法

第六章

心理——学习的动力

第一节
意义：学习的意义是什么

德国社会学家马克斯·韦伯说过这样一句话："人是悬挂在自己编织的意义之网上的动物。"这句话很深刻，但很容易理解，换成大白话就是：如果我们感受不到一件事情的意义，就会缺少做它的动力。

学习也是如此。如果我们感受不到学习的意义，我们就会抗拒学习。一些很努力却总是看不到希望的学生，对学习很是痛恨。因为他们感觉学习就是日复一日的煎熬，是被外界逼迫完成的任务，是没完没了的排名和考试，所以他们恨不得马上摆脱学校生活，像社会上的人一样做自己喜欢做的事情……总之，学习对他们来说似乎没有什么意义。

其实，在人生之初，我们每个人对学习都是充满信心的。我们知道学习是为了获取知识，增长本领，为未来美好的人生打基础、做准备。**只是在漫长的学习过程中，我们的时间被小测验、大考核分割成很多小块。我们每天忙着一次次地通关，学习知识和应付考试似乎成了唯一的追求，最后不自觉地转移了视线的焦点。**原本美好的学习动机不知不觉变成了应付考试、得个高分、拿个文凭、找个好工作之类的具体事情。

换句话说，意义在远方，但我们的视线被眼前的事物束缚了，所以越学越迷茫。想摆脱这种状态，我们就需要主动停下来，转换焦点，望向远方，看清最初的意义和动机。

不过，最初的意义和动机往往比较远大，不容易与实际生活结合。比如很多人认为学习的意义是认识自己、寻求真理、开阔眼界、创造价值……这些意义自然没错，但它们似乎离现实生活太远，无法起到直接的激励作用。

为了修正这两种极端的想法，本书根据众多学生读者的提问，选取两个相对普遍的角度勾勒学习的意义，希望对你有用。

"学能力"而不是"学知识"

在阐述之前，我想先说明一个现实，即我们的人生通常需要**先经历被动求学阶段，再进入主动生活阶段**。之所以说求学阶段被动，是因为我们在这个阶段几乎没有选择，所有人的目标都是被外界定好的：学习知识，考个好成绩。进入社会后，我们才能逐渐追求自己的目标，创造更多的人生可能。

换句话说，**人生有两条路要走，一条是不得不走的路，一条是自己想走的路。为了自己想走的路，我们通常需要先走那条不得不走的路。**

清楚了这一点，我们就会明白在学校里学习其实是有意义的——为了走那条"自己想走的路"，我们得先从"不得不走的路"中获取能力。这些能力不仅包括获取知识的能力，还包括获取知识过程中应具备的**抗干扰能力、抗压能力、应对困难的能力、掌控自由时间的能力以及转换视角获取积极情绪的能力**等。

当我们把目光从"学知识"转向"学能力"的时候，心境就会不同，就能跳出疲于应对的状态，去接受不喜欢的课程，去正视巨大的压力，去化解无趣枯燥的学习过程，而克服这些困难正是掌握综合能力的体现。

只要盯着能力去学习，困难就会成为你的猎物，会激发你征服它们的欲望，而不会成为你被动承受和煎熬的牢笼。有了"学能力"的心态和意识，即使成绩暂时不理想，我们也能练就在复杂环境中学到东西的本领。

所以，不要指望尽快结束学校生活，也不要急着去现实生活中寻找成就。如果我们在学校里没有锻炼出这些能力，那么进入社会后，我们有很大概率会遭受挫折。相反，如果我们能在被动目标上取得成功，那么在今后的主动目标上，也一定能更大概率地取得成就。

可见，学习的目的不仅是获得知识和取得好成绩，更是要获取学习能力。有了学习能力，自然就会有学习成绩这个证明和附属品。

"学未来"而不是"学现在"

有些同学因为心智不够成熟，所以经常会被一些简单的逻辑问题困扰，轻易相信读书无用论。

比如高一读者"独藕"就曾问我这样一个问题："我们为什么要去学习数理化？"他还举了个经典的例子："买菜之类的都用不上函数，我们为什么还要学习函数呢？"

我当时是这样回复他的："我们学习函数当然不是为了买菜用，而是为了我们今后有机会参与那些高层次的创造活动。我们美好的生活在未来而不是现在，凡事只盯着现在能不能用，那是目光短浅，以后要吃大亏。设想一下，多年后，当自己的同学成为高级工程师、设计师、领导者，从事自己看不懂的那些事情，而自己又只能从事技术含量不高的工作时，再回过头后悔当时轻信'读书无用论'就太晚了！即使现在学的数理化以后用不上，那也是你学习能力的证明。有个好文凭，也能作为敲门砖去从事那些自己真正想做的工作！"

我相信他当时是真的觉得学习没有意义。这个年龄的同学受自身阅历的限制，本就容易目光短浅，很难用发展的眼光看问题，所以我们一定要主动把目光从"学现在"转到"学未来"上。这一点或许也是很多同学的局限所在，**他们差的不是学习成绩或学习能力，而是目光所及的范围！**

事实上，不仅我们会感受到这种困惑，全世界的青少年都一样。比如《行为设计学：让创意更有黏性》中的高中代数老师迪安·舍曼就经常遇到这种问题。一些九年级的学生无法体会直线方程的标准形式到底有什么用处，总是会问："我们什么时候才会用到这个？"他一度感到非常烦恼，最后干脆这样告诉学生："永远不会，你永远都不会用到！人们练习举重，绝不是为了哪天有人硬要把他们摁倒在地、胸口再放上哑铃的时候能举得起来，而是为了能够在打橄榄球时放倒防守前锋，是为了能扛得起煤气罐，是为了能把外孙高举过头顶，而不至于在第二天肌肉酸痛。你做数学题，是为了锻炼逻辑思维能力，让你将来可以当个优秀的律师、医生、建筑师或者家长。数学就是思维的举重训练。对大多数人来说，数学是手段，而不是目的。"

迪安·舍曼的回应真是精妙！他同样提示了学习的真谛在于着眼未来，而不是当下就能用。如果我们审视自己的生活就会发现，当下所做的大多数事只不过是路径罢了，都是为了未来某个已知或未知的目标而准备的。

关于学习的意义，本书的两点建议或许可以给你一些参考，但它们不能代替你去思考这个问题。如果你希望自己从根本上提高学习能力和学习成绩，就一定要在这件事情上多花时间，花大量的时间。

别因为它看上去很虚而忽略它，一旦想通了自己为什么要学习，你就会爆发出超乎自己想象的能量，因为意义在一件事情上占据着很大的权重。至于它具体在哪个层次，我们在下一节继续讲解。

本节要点

1. 人愿意做自己认为有意义的事情。

2. 人生有两条路要走，一条是不得不走的路，一条是自己想走的路。为了自己想走的路，我们通常需要先走那条不得不走的路。

3. 抗干扰能力、抗压能力、应对困难的能力、掌控自由时间的能力以及转换视角获取积极情绪的能力等，都是学习能力的组成部分。

第二节
层次：你的学习在第几层

　　1976 年，理查德·班德勒和约翰·格林德开创了一门新学问——NLP（Neuro-Linguistic Programming），中文意思是用神经语言改变行为程序。后来他们的学生罗伯特·迪尔茨和格雷戈里·贝特森创立了 NLP 逻辑层次模型。这个模型把人的思维和觉知分为 6 个层次，自下而上分别是环境、行为、能力、信念和价值观、自我意识、使命（见图 6-1）。

图 6-1　NLP 逻辑层次模型

　　NLP 逻辑层次模型适用于很多领域，诸如生活、商业、情感，也包括学习领域。可每次看到某模型的组成部分超过 3 个时，我就有昏昏欲睡之感，觉得这些东西太抽象。想必你也有同样的感觉，不过还是请你在这一页多停留一会儿，让我把这个模型换个面貌，你就会发现它其实是个好东西。

下面，我以学习为例。

在学习过程中，我们必然会遇到各种各样的问题，此时，对待这些问题的态度就很关键了，因为从中可以看出我们的学习等级，而 NLP 逻辑层次模型就是衡量学习等级的标尺。

第一层：环境。处在这一层的是最低层的学习者，他们遇到问题后的第一反应不是从自己身上找原因，而是把原因归咎于外部环境，比如感叹自己运气不好、没有遇到好老师、怪考试题出得太难……总之，凡事都是别人的错，自己没有错。这样的人情绪不稳定，往往是十足的抱怨者。

还记得第五章中"宋兄"告诉我的关于孩子学习的两条经验吗？他说自己教育孩子的经验就两条，"一是像对待考试一样对待家庭作业；二是有问题只找主观原因"。我当时一直没想明白"有问题只找主观原因"是什么意思，直到了解到 NLP 逻辑层次模型才恍然大悟。

第二层：行为。处于这一层的人能将目光投向内部，从自身寻找问题。他们不会太多抱怨环境，而是把注意力放在自身的行为上，比如努力程度。对于绝大多数人来说，努力是最容易做到的，也是自己可以完全掌控的，所以他们往往把努力视为救命稻草。

这本没什么不好，只是当努力成为唯一标准后，人们就很容易忽略其他因素，只用努力的形式来欺骗自己。比如每天都练习，每天都打卡，每天都复习……他们看起来非常努力，至于效率是否高、注意力是否集中、核心困难是否解决，似乎并不重要，因为努力的感觉已经让他们心安理得了。说到底，人还是容易被懒惰情绪影响的，总希望用相对无痛的努力数量取代直面核心困难的思考，在这种状态下，努力反而为他们营造了麻木自己的舒适区。

第三层：**能力。**处在这一层的人开始动脑琢磨自身的能力了。他们能主动跳出努力这个舒适区，积极寻找方法，因为有了科学正确的方法，就能事半功倍。但这一步也很容易让人产生错觉，因为在知道方法的那一瞬间，一些人会产生"一切事情都可以搞定"的感觉，于是便不再愿意花更多力气去踏实努力，他们沉迷方法论、收集方法论，对各种方法论如数家珍，而且始终坚信有一个更好的方法在前面等着自己，所以他们永远走在寻找最佳方法的路上，最终成了"道理都懂，就是不做"的那伙人。

第四层：**信念和价值观。**终有一天他们会明白，再好的方法也代替不了努力；也一定有人会明白，比方法更重要的其实是选择。因为一件事情要是方向错了，再多的努力和方法也没用，甚至还会起反作用，所以一定要先搞清楚"什么最重要""什么更重要"，而这些问题的源头就是我们的信念和价值观。

第五层：**自我意识。**如果说"信念和价值观"是一个人从被动跟从命运到主动掌握命运的分界线，那么"自我意识"是更高阶、更主动的选择。所谓"自我意识"，就是从自己的身份定位开始思考问题，即"我是一个什么样的人，所以我应该去做什么样的事"。在这个视角之下，所有的选择、方法、努力都会主动围绕自我身份的建设而自动转换为合适的状态。这样的人，可以说是真正的觉醒者。

第六层：使命。 在身份追求之上，便是人类最高级的生命追求。如果一个人开始考虑自己的使命，那他必然会把自己的价值建立在为众人服务的层面上。也就是说，人活着的最高意义就是创造、利他、积极地影响他人。能影响的人越多，意义就越大。当然，追求使命的人不一定都是伟人，也可能是像我们这样的普通人，只要我们能在自己的能力范围内对他人产生积极的影响即可。有了使命追求，我们就能催生出真正的人生目标，就能不畏艰难困苦，勇往直前。

你处于学习的第几层

在 NLP 逻辑层次模型的帮助下，个体的成长便有了不同的呈现（见图 6-2）。

一层的人找环境问题，他们是抱怨者，喜欢说："都是你们的错！"

二层的人找努力问题，他们是行动派，喜欢说："我还不够努力！"

三层的人找方法问题，他们是战术家，喜欢说："方法总比问题多！"

找意义的问题（创造者）----- 使命 ----- 人活着就是为了利他！
找身份的问题（觉醒者）----- 自我意识 ----- 我要成为什么样的人？
找选择的问题（战略家）----- 信念和价值观 ----- 什么东西最重要？
找方法的问题（战术家）----- 能力 ----- 方法总比问题多！
找努力的问题（行动派）----- 行为 ----- 我还不够努力！
找环境的问题（抱怨者）----- 环境 ----- 都是你们的错！

图 6-2　NLP 逻辑层次在学习成长上的呈现

四层的人找选择问题，他们是战略家，喜欢问："什么东西最重要？"

五层的人找身份问题，他们是觉醒者，喜欢问："我要成为什么样的人？"

六层的人找意义问题，他们是创造者，喜欢说："人活着就是为了利他！"

现在，我们可以脱离这一模型，记住"环境、努力、方法、选择、身份、意义"这几个词就行了。有了这把标尺，我们就能意识到自己所处的位置，就能够觉知自己当前的状态。

没有层次的指引，你可能意识不到自己还有更好的选择，因此被困在当前的层次。就像当你只知道"努力"这一个招数时，就不太可能主动去琢磨"方法"，更不太可能主动去思考"选择、身份和意义"了，甚至可能把当前层次的焦点，诸如把"努力""方法"当成目的去实现，以致不自觉地走偏。

但反过来，一旦我们清楚了全局框架，就可以变成"自由人"。在遇到问题时，我们就能主动**放弃情绪化的抱怨，勤努力、找方法、做选择、建身份、明意义。**

这正是让人感到喜悦的地方：原来我们还有这么多选择！特别是当我们能够自上而下地总览全局，能够从高维度看问题时，低维度的问题自然就不再困扰你了。所以，**对个体来说，最重要的事情莫过于想清楚所做事情的意义，或找到人生目标，知道自己应该成为什么样的人。**一旦解决了这个问题，我们自然就知道该怎么选择、找什么方法、如何努力。不用刻意追求，一切水到渠成。

不过，话说回来，发掘一件事情的意义并不容易，寻找人生的目标和意义，就更难了。它不仅需要用心思考，也需要人生经历。但无论如何，我们都要把寻找学习的意义这件事始终放在心上，因为"念念不忘，必有回响"，只要不断思考，我们就一定能找到自己学习的原动力。

当然，暂时找不到也没关系，我们可以往后退一步，想想自己应该成为一个什么样的人。一个人的身份建设同样威力巨大，它甚至可以成为自我改变的终极力量。

本节要点

1. NLP 逻辑层次模型放在个体成长中可分为环境、努力、方法、选择、身份、意义六个层次。

2. 我们应该自上而下地努力，从寻找意义和身份建设开始。

第三节
身份：改变自己的终极力量

张桂梅的事迹家喻户晓。

2008 年，她在云南丽江创建了全国第一所免费女子高级中学，致力于用知识将山区的贫困女生送出大山。随后她的事迹被广为传播，华坪女子高中也成了人们关注的焦点。

在众多报道中，张校长为学校制定的校训特别引人注意。她经常要求同学们在操场上列队高喊："我是女高人，我生来就是高山而非溪流，我欲于群峰之巅俯视平庸的沟壑；我是女高人，我生来就是人杰而非草芥，我站在伟人之肩藐视卑微的懦夫……"

说实话，起初我是不理解这种做法的。我不相信一个人凭几句口号就能真的蜕变成"高山和人杰"，何况这么高的豪言壮语和贫困山区未成年女孩子的身份形成了强烈的反差，更让人感觉像一种精神上的自我欺骗。

而现在，我不仅不再有这样的念头，反而觉得这种做法十分高级，因为我知道这种行为触及了我们人类成长的终极力量——心理建设。

身份—过程—结果

想了解心理建设，我们还得从《掌控习惯》这本书说起。作者詹姆斯·克利尔在书中描述了这样一个规律，即人的行为改变可分为**身份、过程、结果**三个层次，不同层次的努力会带来不同的结果（见图6-3）。

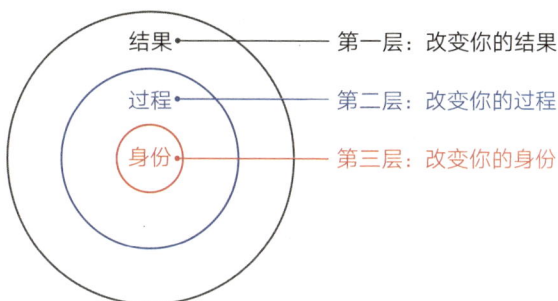

结果• ———— 第一层：改变你的结果

过程• ———— 第二层：改变你的过程

身份• ———— 第三层：改变你的身份

图6-3　行为改变的三个层次

为了更好地理解，我们以养成阅读习惯为例（见图6-4）。

绝大多数人想要养成阅读习惯时，会自然地给自己定这样的目标：每天阅读半小时或每周读一本书。他们以为只要自己做到这些就可以养成阅读习惯，实际上这只是盯着最浅层的"结果"去行动，结局往往是为做而做，不了了之（相信你肯定深有体会）。

少部分人会把注意力放在"过程"这个层面。他们不满足于做什么（What），还要探索怎么做（How）以及为什么要做（Why）。所以他们会花时间写下阅读的意义，让自己看到阅读的各种好处；他们会以改变为目的去阅读，让自己输出、实践，使阅读效果最大化……做到这一点，其实已经非常了不起了，他们的收获会远远大于普通人，但这仍然需要消耗大量的意志力去坚持。

只有极少数人能看到"身份"这个层次，并主动从心理建设开始行动。他们会花大量的时间去思考："通过阅读，我要成为什么样的人。"或者暗示自己："我本来就是一个以书为伴、追求新知、乐于探索的人。"如此一来，阅读就会成为像吃饭、睡觉一样的基本需求，成为自己不做就会难受的事。这个时候，哪里还需要约束自己、强迫自己呢？

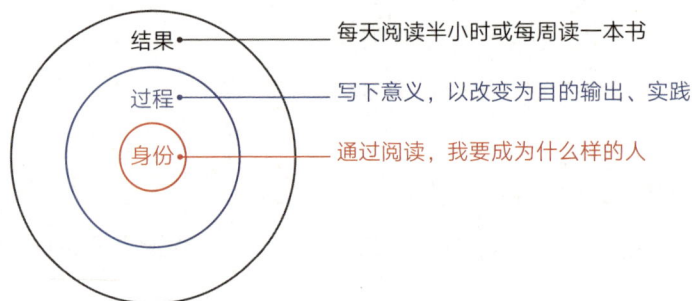

结果 ● —— 每天阅读半小时或每周读一本书

过程 ● —— 写下意义，以改变为目的输出、实践

身份 ● —— 通过阅读，我要成为什么样的人

图 6-4　养成阅读习惯的三个层次

这个规律是普遍适用的，无论我们在哪个领域，想做成什么事，都会置身于这个框架之下。因此，那些能明确自己身份的人才是真正的高手，他们肯花时间进行心理建设，能从上而下或从里到外地改变自己。就像华坪女子高中校训所言："我生来就是高山而非溪流……我生来就是人杰而非草芥。"因为如果

连你都认为自己注定是平庸之辈，那你的内心很难强大起来。一个"人杰"，是不会与"偷懒""嫉妒""贪心""恐惧""浮躁""自卑"为伍的。所以在遇到困惑和困难时，"人杰"会主动做出不同的选择，绘出不凡的命运轨迹；而平庸之辈往往会对这种"画大饼"式的行为充满鄙视和不屑，殊不知自己才是落伍者。

我们一开始就应该正视自己的心理建设，正视自己的身份建设，**把潜意识的心理改造放到桌面上。毕竟在现实生活中，就算你不告诉自己应该成为一个什么样的人，你内心也有一个默认的身份存在。**他可能是一个自卑的人、胆小的人、不敢相信自己会成功的人，只是你自己察觉不到而已。

潜意识的力量是巨大的，善用之，它会成为我们学习的巨大推力；漠视之，它会成为我们学习的巨大阻碍。它是领着你跑还是拖着你阻碍前行，全看你对它的态度是否积极主动。

可见，信念从来都不是空的、假的，它是实实在在的力量，是特别强大的力量。我想只要你知道了这个秘密，就必然会主动改变策略，真正重视信念的力量。

如何进行身份建设

进行身份建设的方法很简单，就是像华坪女子高中的口号一样经常暗示自己。因为**潜意识的学习方式是不断重复。**这就像我们学骑自行车，刚开始的时候需要不断地、刻意地提醒自己动作要领。经过无数次重复后，我们不需要动脑也能轻松做到，这说明潜意识已经学会了。

掌握这种看不见的力量也是如此，我们一开始需要"**假装**"，而后不断地进行自我提醒和暗示，直到有一天可以本能地、笃定地相信自己。

改变自己、让自己变得更好，是这个世界上每个人的愿望，但大多数人都不知道"心理建设"这种力量的存在，能主动运用它来塑造自己的人更是少之又少，因此，大多数人只能在学习途中懵懵懂懂地低效前行。

如今，我们终于有机会接近这股看不见的力量，去创造主宰自己命运的可能。那么，你内心的自己应该是一个什么样的人呢？

本节要点

1. 人的行为改变可分为身份、过程、结果三个层次，不同层次的努力会带来不同的结果。

2. 那些能明确自己身份的人才是真正的高手，他们肯花时间进行心理建设，能从上而下或从里到外地改变自己。

3. 潜意识的学习方式是不断重复，而掌握这种看不见的力量，我们需要从"假装"开始。

4. 回答本节最后一句的提问，并把答案写下来。一开始你肯定说不清楚，会感觉很模糊。没关系，只要持续去写、去修改，你一定会找到那个理想中的自己。

第四节
语言：好好学习从好好说话开始

日本著名企业家稻盛和夫有个伴随其一生的习惯。他说："无论遇到什么事情都要感谢，即使碰上坏事、遇到灾难，也要心存感激，说声谢谢。"他甚至还强调："必须用理性把这句话灌进自己的头脑，就算感谢的情绪冒不出来，也要说服自己。"

起初，我认为稻盛和夫先生能做到这些是因为他是一个品德高尚的人，但是一番研究之后，我发现这种做法不仅反映了他纯粹的品德高尚，其背后还极具科学精神，而且这种科学的做法可以让我们每一个人学习运用并受益。如果你也希望自己能像稻盛和夫一样成为了不起的人，那就请你放慢脚步，随我一起去了解其中的奥秘吧。

语言是好好学习的开端

一个人的态度会影响他的行为，而行为又会影响现实结果，所以我们脑中的态度、观念、思维正是我们自由漫步人间的关键所在。但我们头脑中的态度、观念和思维又受什么影响呢？不用说，人生经历、学习新知肯定都是重要的因素，但除此之外，还有一个极为重要但很可能被我们忽视的因素：**语言**。

人们往往认为语言是思维的产物，即我们心里想什么，嘴里才会说什么，但很少有人知道，我们嘴里说的，也会影响我们心里的想法。

没错，**语言和思维之间其实是双向车道，而非单向车道。如果你知道自己还可以在思维和语言之间"逆向行驶"，你的生活就会多出很多主动的选择。**比如《富爸爸穷爸爸》的作者罗伯特·清崎给我们做的"沟通示范"。

穷爸爸总是习惯说："我可付不起！"而富爸爸则禁止我们说这样的话，他坚持让我们说："我怎样才付得起？"

富爸爸解释说，当你下意识地说出"我付不起"的时候，你的大脑就会停止思考；而如果你自问"我怎样才付得起"，你的大脑就会动起来。

现在，再让我们回想一下稻盛和夫的做法。如果他不强迫自己在遇到坏事或灾难的时候说声"谢谢"，那他的思维就很可能会被糟糕的情绪束缚，然后陷入怨天尤人的境地。可见，刻意运用语言的力量，可以改变我们看待事物的视角。

所以，在平时的生活中，我们一定要注意自己的语言使用，遇到困难时我们可能会下意识地说"我做不到"，我们可能并不觉得这句话有什么问题，但这种**绝对化的语言会无意间关闭我们大脑的能动性**，让自己不再思考如何克服困难。而如果我们将这句话换成"**我暂时**还做不到"这样的开放性语言，就会暗示一种未来的可能性，让自己暗暗树立实现目标的信心。

语言学家本杰明·沃尔夫说："*语言塑造我们的思维方式，决定我们的思维内容。*"德国最大的连锁超市奥乐齐（ALDI）的创始人也说："*改变你的语言，就会改变你的想法。*"如果你从来没有留意过语言对自己的影响，那本节正是你"语言觉醒"的完美契机。

外部表现会影响内部状态

事实上，影响我们思维和态度的不仅仅是语言，其他的外部表现也会对内部状态产生影响。比如，当你用牙咬着铅笔然后不得不微笑的时候，你会感觉更高兴，因为面部表情会向大脑传送关于感觉和情感的反馈。而我们的神经元回路并不总能清楚地分辨什么是真的，什么是假的。所以，假如你在困境中假装大笑，你的情绪也会变得更轻盈。当然，如果你在愤怒的时候做出暴力的姿态，也会变得更加愤怒。

另外，简单地呈现某种姿势，我们也能改变自己的所思所想。比如，刻意保持开阔的姿势，让身体占据更多空间，能增强我们关于力量和控制的感觉。习惯舒展身体的人，更能够放远眼光，看得长远；而缩紧身体会让人眼光局限，只看当前。如果你平时是一个胆小害羞、遇事慌张的人，那不妨主动改变自己的身姿，假以时日，你会发现自己变得自信和勇敢了起来。

超市研究员也发现了类似的现象。当人们拿购物篮购物时会弯曲手臂，这种"收缩"的动作更容易使人满足自己迫切的需求，屈从自己的欲望，从而不自觉地选择那些能提供即时愉悦感的商品；而使用推车购物时，人们手臂向外"伸展"，在选择商品的时候往往更加理性。

如果你再细心观察，就会发现像肯德基、麦当劳这样的门店，进门时常常需要拉开门而不是推开门。因为拉门时手臂收缩，这个动作可以让我们进入一种"简单满足"的心理状态。而柜台上方展示食物的电子屏幕通常是从上往下而不是从左往右滚动，因为当人们的目光跟随屏幕从上到下移动时，像在点头称是。这种隐蔽的设计会对我们形成心理暗示，但我们很难察觉。

诸多研究都证实，我们的行为（包括动作、表情、姿态、语言等）与思维会相互影响。其中，语言对思维的影响更加直接和可见，我们也更容易察觉和掌控。

那么，新的问题出现了，你认为"刀子嘴"的人一定是"豆腐心"吗？

刀子嘴，豆腐心

从心理学的角度看，刀子嘴的人不太可能会有豆腐心。因为语言会影响思维。当刻薄的语言从嘴里说出来的时候，人的内心也会不自觉地变得刻薄。一个人若是长期不注意自己的语气、语态和讲话内容，就可能变得尖酸刻薄而不自知。喜欢用"刀子嘴，豆腐心"来形容自己的人，大概率是为了给自己的行为找一个理由或借口。

提醒自己口出善言，多体察别人的感受，会让别人感觉更好，也会让自己变得更好。当然，不可避免地，在某些特殊的场合，我们需要暂时借助一些"狠话"来达成某些目的，使事态往好的方向发展。而此时，我们内心也清楚地知道，自己只不过是在"假装"，而非真的这么想。

好好学习，从好好说话开始

人们常说：思想决定行为，行为决定习惯，习惯决定性格，性格决定命运。

那思想是由什么决定的呢？

我想，除了好好学习，好好说话必然占据了一席之地。

所以，请时刻觉知并审视自己的语言：

- 无论遇到什么事情，说积极的话，不说消极的话；

- 无论遇到什么人物，说和善的话，不说刻薄的话；

- 无论遇到什么问题，说开放的话，不说绝对的话；
  ……

这并不难做到，只要我们经常提醒，刻意练习，它就能把我们带向美好的人生。毕竟从自己嘴里说出来的话，第一个听到的人是自己。听得多了，我们自己也就信了。

本节要点

1.语言和思维之间其实是双向车道。改变你的语言，就会改变你的想法。

2.说积极的话，不说消极的话；说和善的话，不说刻薄的话；说开放的话，不说绝对的话。

第七章

心态——学习的视角

第一节

期待：降低期待，无往不胜的学习心态

女儿上小学一年级的时候，我常去接她放学。

那天是周五，我和往常一样在学校门口等她。她出来的时候非常兴奋，像风一样扑到了我的身上，咧着笑开了花的小嘴说："爸爸，你知道吗？刚才下课的时候我以为是课间休息，没想到是放学！哈哈哈……"

她开心得就像捡了个大元宝。因为刚上小学不久，她显然忘了周五下午只上两节课这件事，所以心里还和平时一样装着四节课。我对她的反应也不意外，因为我知道这背后是怎么回事——当她用四节课的"心理容量"去装两节课时，当然会收获意外的惊喜。

扩大心理容量

"心理容量"这个词是我自己发明的，但它源于《专念创造力：学学艺术家的减法创意》一书的作者埃伦·兰格的一个心理实验。

假设你要做 50 个原地高抬腿，什么时候你会开始感觉到疲

劳？绝大多数人会在做到 30 个左右的时候开始感觉疲劳。但是当被问到，如果要做 70 个，什么时候开始感觉到疲劳时，同样还是这些人，他们却会说在做到 50 个左右的时候。在第一种情况下，30 个左右就觉得累了，而在第二种情况下，50 个左右才感到累。研究者认为产生这种差别的原因在于，无论我们做什么，通常预期在完成 2/3 的时候会感到疲劳。

这也是为什么在 100 米跑步测试的时候，体育老师会让你把终点放到 110 米的地方，这样你就能以最快的速度冲过百米线，否则你会不自觉地在 90 米处开始减速。

我自己也会运用这个心理技巧来积极应对生活中的烦恼。比如我以前特别不喜欢做家务，很讨厌拖地、洗碗之类的活，所以每次轮到我做的时候心里就会特别抗拒，经常拖延逃避，感觉很痛苦。

后来，我意识到"心理容量"就像一个桶，如果桶里只装那些默认的选项，比如自己喜欢做的事情，那么把任何预期之外的任务加进来，自己都会天然地抗拒。**但如果我们一开始就把那些不喜欢做但又必须做的事情放到桶里，就不会觉得它们是额外的负担。**

可见，桶的容量其实是可以主动调节的。从那以后，无论做家务还是工作，我都会**主动审视自己的心理容量是否足够大，把那些自己感到为难的事情提前纳入自己的预期，这样就可以轻松走出舒适区而不觉得难受。**时间一长，自己不仅事情做得更好了，在别人眼中也成了更积极和更有耐心的人。

学习也是如此。

如果你在面对学习任务时有畏难情绪或拖延倾向，通常是因为你的心理容量太小了。你总是希望少做点作业，或只做自己喜欢的事情，所以每次写完家庭作业，你就会特别抗拒父母额外布置的数学练习和钢琴任务。相反，如果你一开始就把这些可能出现的任务提前纳入自己当天的作业计划，你面对它们时的心态就会积极很多。

准备多做一些，一旦任务减轻就会惊喜；试图少做一点，一旦任务增加就会痛苦。我们的学习状态很大程度上取决于自己的心态。哪怕你现在已经有了畏惧和痛苦的情绪，但只要立即审视并扩大心理容量，你的学习状态就会发生立竿见影的变化。

降低心理期待

如果我们在面对困难时能主动降低心理期待，自己的行动就可以变得更加积极。

稍微观察一下就会发现，**我们生活中的多数烦恼都来自对自己和他人的过高期待。**不信的话，你可以觉察一下自己的焦虑情绪，其原因无非就是自己当下的期待超出了实际能力。而且这些原因都可以被归结为"数量"和"难度"两种类型。

就"数量"而言，很多人是同时想要很多，才导致自己心神不安，无法专注地工作或学习。比如很多读者的烦恼是这样的。

最近积压了很多任务，感到时间不够用，心里越想高质量地完成所有的任务就越完不成，对此很焦虑，该怎么办呢？

既想一次性完成论文答辩，又想提前找工作，结果哪头都无法投入，很纠结……

凡遇到这类情况，我都会建议他们主动降低期待，放弃或暂时搁置那些不重要、不紧急的任务。因为很多任务其实都是我们的欲望强加给自己的，就算暂时放弃，天也不会塌下来。相反，当我们主动放下那份不切实际的期待后，反而可以安静下来，专注于眼前最重要的事情。

当然，你可能会说有些事情是自己没办法选的，比如考试压力，我们总不能放任不管吧？事实上，如果我们对某一次考试真的心有余而力不足，那还不如降低期待，告诉自己最差的结果无非就是没考好，然后本着重新开始，能学多少就学多少的心态，把多出来的都当成惊喜，这样我们反而不再担忧害怕，能静下心学习。类似地，当我们遇到畏惧的人和事时，不妨假设自己最担心的事情已经发生了，此时心理预期在低谷，我们反而能放平心态，从容面对。

主动削减欲望、降低期待的目的在于让自己丢掉精神包袱、轻装上阵，毕竟焦虑只会让我们停滞不前。

另外，**就"难度"而言**，很多人经常失败，是因为他们忍受不了最初阶段的笨拙和失败。比如读者"江风"说："冥想好难啊，我每次都分心走神，感觉自己好没用。"我问他练习多久了？他说："7天。"读者"Yang"说："早起好不适应啊，感觉每天上午都会犯困。"我问他早起多久了，他说："4天。"我听后的第一反应就是："这才几天啊，做不好当然很正常！"

不过，我也没有资格去批评他们，因为急于求成是人的天性，我自己也经常陷入这种境地。比如前段时间为了陪女儿玩三阶魔方，我们一起学习了"基本公式"——用这种方法可以在2分钟左右复原魔方。后来我看到魔方达人用"高级公式"在30秒内将魔方复原，觉得很酷，于是付费购买了视频教程开始自学三阶魔方的高级公式。

高级公式共有119条，其中相对简单的F2L公式就有41条，虽然它们之间存在规律，老师讲得也很好，但对我这个新手来说还是很抽象，我经常记混。学到第三四天的时候，我发现自己的速度非但没有提上去，反而更慢了。复原过程中不是反应不过来就是弄错，手指也非常笨拙，还不如用基本公式来得快。当时我非常懊恼，甚至开始自我否定，觉得这41种情况简直太复杂了，自己根本记不住。

就在我准备放弃的时候，我想起**技能学习的本质就是通过大量的练习使大脑中相关神经元产生连接并形成强关联的过程。这个过程在初期进展必然是非常缓慢的，因为神经元之间还没有形成顺畅的通路。但只要我们持续练习，这些连接就会越来越多、越来越强，最终形成一张高效的网络，使自己在某天开始加速并突破。所以，我坚信只要给自己足够的时间去练习，就一定会对41种场景形成肌肉记忆，达到不用动脑也能自动上手的程度。

从那以后，我开始降低期待，决定用至少1个月的时间去学习F2L公式，且每次只要求自己学会一条，再用3~6个月去练习。如果想不起来就反复看视频讲解，直到把它们牢牢记住，然后一有空就把魔方拿出来练习（正好可以打发很多碎片时间）。

事实上，20天后我就能快速识别大多数场景，手指的灵活度也提升了很多。现在，我已经掌握全部119条公式了，对手中的三阶魔方已经有了掌控感和浓厚的兴趣，再也没有之前的挫败感了。

这段经历也让我对今后学习掌握其他技能有了巨大的信心和指引，因为**只要我在遇到困难时能主动降低期待，允许自己一次只做好一件事，允许自己在开始的时候进步缓慢，甚至反复失败，允许自己花更长的时间去练习，就一定能学成或做成这件事情。**

做最好的准备，做最坏的打算

需要说明的是，**降低期待并不是降低标准，而是为了减轻心理包袱，让自己更好地投入重要的任务。**如果你认为降低期待就是自我放弃，那你的理解就有偏差了。

事实上，无论扩大心理容量还是降低心理预期，它们都是事物的一体两面。虽然它们看起来像一对矛盾，实际上是向着同一个目标去的。换句话说，我们**在标准上要想得高一点，在期待上要想得低一点。**

美国作家菲茨杰拉德说过：检验一流智力的标准，就是看你能不能在头脑中同时保留两种相反的想法，还能维持正常行事的能力。**我认为检验一流心理的标准也是如此——看一个人能不能在心中同时容纳两种相反的期待，还能正常行事。**

当我们能够同时容纳两种相反的想法和期待时，必定能保持开放的心态，并表现出这样的品质：凡事都能**做最好的准备，**同时也会**做最坏的打算。**

本节要点

1. 一开始就把那些不喜欢做但又必须要做的事情放到心理桶里，我们就不会觉得它们是额外的负担。

2. 高期待是痛苦的根源，应学会把心理预期主动降到谷底，这样，我们反而能欢快前行，因为任何一点小收获都会让自己受到激励。

3. 做一个开放的人：凡事做最好的准备，同时做最坏的打算。

第二节

视角：转变视角，走出困境的神奇魔法

如果仔细观察上一节提到的心理技巧，你会发现无论扩大心理容量，还是降低心理期待，它们本质上都在做同一件事：**转变看待事物的视角。**这也是积极心理学的神奇之处，即我们面对的事情还是那个事情，但我们的看法变了，然后一切就都变了。

这看起来就像一种魔法——只要我们心念一转，事情就会向着更好的方向转变。既然如此，我们为什么不把这个心理技巧运用得更彻底些呢？

这绝对是个好主意，但要想做到这一点，我们最好想办法先看到更多角度。毕竟角度多了，我们才有机会选出更好的视角。

面对困难事件，我们要学会多角度看问题

1934 年，时任美国总统的罗斯福家中失窃。一位朋友闻讯，忙写信安慰他，劝他不要太在意。他回信说："亲爱的朋友，谢谢你来安慰我，我现在很平安，感谢生活。因为，第一，贼偷

去的是我的东西，而没伤害我的生命；第二，贼只偷去我的部分东西，而不是全部；第三，最值得庆幸的是，做贼的是他，而不是我。"

罗斯福先生就是一位多角度看问题的高手。他在损失了巨额财物之后，竟能找到三个非常积极的视角，让自己尽快从悲伤的情绪中走出来。可见，当悲剧已经发生且无法改变时，人们看待事物的态度变得至关重要。

如果你觉得罗斯福先生的经历离自己太远，那就来看看另一个发生在身边的故事。

2020 年新冠疫情突发，同学们开始在家学习，其中读者"点点"给我发来了自己的困扰，他说："我家楼上的脚步声比较大，而且她家里有小孩，拉椅子的声音也非常响。和她交流也没有效果。有时候我甚至认为她家的拉椅子声是故意的……每次一听到这些声音，我就感觉很无力，不想继续学习，请问你对我的问题有什么好的建议吗？"

正好那几天我在读《思维的囚徒》，作者亚历克斯·佩塔克斯提出的"十大积极结果练习"十分应景。于是我对他说："如果你希望有所改变，那就试着写下楼上脚步声的 10 个好处吧。"之后，他便没了声音。我知道他心里大概在想："从烦人的脚步声里找好处？还要找出 10 个，这怎么可能！"于是我给他做了个示范，我说："你可以把椅子声和脚步声解读为'这家的孩子真活泼呀'，或者'还好疫情得到了控制，不然整个世界会安静得一点声音都没有，那就太可怕了，所以能听到人的脚步声真好'……"两天后，他给我回了消息："谢谢你给我提供了另一个视角，但是我的想象力不够丰富，只能想出两点，另外，你给的那两个视角很好。"

不用告诉你结局，你也能猜到"点点"的情况发生了积极的变化，尽管现实环境并没有任何改变。不过，我想总有人在听完这两个故事后脑海里会闪过"自欺欺人"之类的念头。其实，这种看似可笑的做法极其符合**"态度—行为—结果"**的事物发展规律。

很明显，我们看待一件事情的态度会影响我们的行为，而我们的行为则会影响现实结果。在上述案例中，如果读者"点点"不改变态度，他就会一直处于烦躁和抱怨之中，可能使自己的成绩在痛苦中持续下滑；而他现在可以笑对噪声，聚焦学习，甚至还能刻意锻炼自己抗干扰的能力。所以，在遭遇困难的时候，一定要提醒自己保持冷静，要在这种时候审视自己的态度和选择，要想方设法找到积极的一面。

卡尔·纽波特在《深度工作》一书中也表达过类似的观点：**"你的世界是你所关注事物的产物。""我们的大脑是依据我们关注的事物来构建世界观的。"**我们选择去关注哪些事物、忽略哪些事物，会对我们的生活质量起到关键的作用。这也是我们在任何困难面前都要保持乐观的原因，只有态度和信念改变了，事情才会朝好的方向转变。

好消息是，无论你当前处于何种情绪旋涡，**只要自己愿意，总能找到更好的角度。**毕竟任何事物都是多维的、立体的。看似悲观的事物背后肯定有乐观的一面，严肃事物的背后必然有好玩的一面。**只是有的人面对再好的事情时都只盯着一点瑕疵不放，而有的人却能从任何一件糟糕的事情中找到闪光点，并将其放大，忽视其他不足之处。**比如：

- 同样是半杯水，有的人哀叹"只有半杯了"，而有的人惊喜于"竟然还有半杯"；
- 同样是挫折，有的人沉浸在悲伤中无法自拔，有的人则认为挫折是上天给自己成长的提示；
- 同样是学习，有的人认为自己是在为爸妈学，所以能偷懒就偷懒，而有的人认为爸妈为自己创造了这么好的学习条件，没有理由不珍惜。

更好的消息是，无论我们遇到什么困境，最终我们都是有选择权的。正如《活出生命的意义》的作者维克多·弗兰克尔所说："人所拥有的任何东西都可以被剥夺，唯独人性最后的自由，也就是在任何境遇中选择一己态度和生活方式的自由不能被剥夺。"所以，困境就是我们成长、改变的分水岭，而成长、改变也是我们和困境争夺选择权的较量：放弃选择，我们就会成为困境的囚徒；坚守选择，困难也会向我们俯首称臣。

面对枯燥事件，我们要把它当成另一件事

如果说转变视角是一种魔法，那早在上大学那会儿，我就在无意间开始使用它了。

记得当时学校有个要求，想要顺利毕业，每个人必须通过1500米跑步的体能考核，而且成绩要在5分10秒以内。教官为了激励大家训练，当众立了一个规矩：每次体能课开始前先测试跑一次1500米，凡是成绩达到优秀的，都可以免上后面2小时的体能课。而我在很长一段时间内都是唯一可以在全队近百人的目送中欣然离场的那个人。

跑步并不是我的强项。刚入学的时候，我的1500米大概要用8分钟。在向5分10秒这个目标进发的过程中，所有人都备感煎熬，每次都是"跑前很紧张、跑时很痛苦、跑后很无奈"。

就在我快感到绝望的时候，转机出现了。一天下午，课前测试照常进行。教官的哨声一响，我便以冲刺的速度第一个蹿了出去。对于这样的中长跑测试，一开始就冲在前面可不是什么好策略，因为剧烈的体能消耗会让自己很快失去后劲。但就在我快要松下那口气准备减速的时候，目光也从远处落到了前面10米左右的地方。我突然在心里对自己说："先别减速，等跑到前面10米那个地方再减速也不迟。"等我跑到那个点后，我的目光又落到了前面的10米处，我觉得这样的距离很短，还可以继续来一次，等跑到那个点后，我又把眼光投向下一个10米处……

几次重复之后，我竟然发现自己并没有上气不接下气的感觉，身体反而轻松了起来。因为自己就像在玩一个追逐游戏，注意力已经从沉重、遥远的剩余圈数转移到了一段段 10 米的距离上，抬腿摆臂变得越来越轻快，不知不觉中我竟领先第二名小半圈。明显的优势让我不再关注成绩，注意力几乎完全集中在抬腿摆臂的畅快感上。我越跑越快。当教官宣布成绩并告诉我不用上后续的体能课的时候，我简直不敢相信。

在往后的日子里，我一次次如法炮制——冲到最前面，然后开始一个人的追逐游戏。我之所以喜欢一开始就冲在前面，是因为边上没有其他人干扰，我就能专注地沉浸在这个游戏中。一个痛苦的考核项目，最后成了我每次都跃跃欲试的期待项目，而且没人知道我是怎么突然变强的。即使后来偶尔有几个人也在课前测试中达到优秀，但他们冲过终点线后苦不堪言，全然不像我做游戏般轻松。

这个心法为我的大学生活增色不少。因为这件事，我当时还在记事本里写过一句感悟：**不要让事情本身束缚了你的情绪和注意力**。这可是我大学时代为数不多的能一直记到现在的人生经验。现在再回头看，自己也很震惊，因为这完全不是什么土方法，而是实实在在的积极心理学呀！

积极心理会让我们在看似不可能的情况下看到新的视角和选择，就像前文提到的 1500 米跑步测试，在大多数人眼里，它就是一项考核任务，没得选择，只能被动承受，但在我眼里，它成了一件好玩的事——游戏。事实上，任务还是那个任务，只是我看待它的视角完全不同了。

放眼现实生活，我们总是要面对很多"不想做但必须做"的事情。比如 1500 米跑步考核、堆积如山的作业、不得不洗的衣服、不得不见的人……面对这些事情，我们会不自觉地感到沮丧、抗拒和排斥，因为这些都不是我们自己主动做出的选择，而是外界给的压力。

一个人如果整天做自己不想做但又必须做的事情，日子就会变得灰暗无趣。然而面对压力，我们真的就只能承受吗？未必。或许我们的情绪和注意力只是被事情本身给束缚了，**因为困难和压力总能把人的情绪和注意力抓得死死的，让你很难看到其他角度。**

所以，当你遇到那些"不想做但必须做"的事情时，只要在心里默念一句"咒语"，就可以让自己跳出事情本身。这句"咒语"便是"**我并不是在做这件事，我只是在做另外一件事**"。

把这句话套用到其他场景中是这样的：

- 我并不是在做跑步测试，我只是在玩追逐游戏；
- 我并不是在写作业，我只是在挑战自己的速度；
- 我并不是在洗衣服，我只是在活动自己的手脚。

这些理由听起来可能有些可笑，但不要低估这种假设的力量，一旦你有了新的视角和选择，就会意识到：**事情本身并不**

重要，我们只是在通过它获取另外一种乐趣，顺便把这件事给做了。 在心理学上，这个方法叫作"动机转移"。

既然动机可以转移，那我们为什么不转得彻底些，让它变得更好玩呢？

女儿刚读一年级的时候，我就经常用这种方式引导她。比如，她当时很不喜欢写字帖，每次做这个作业都闷闷不乐。我见她愁眉苦脸，就跟她说："你不是喜欢画画吗，为什么你不把它当成画画呢？写字和画画不都是笔在纸上动吗？"她听后眼前一亮："对呀，爸爸，我把它当成画画不就行了！"没过多久，她就开心地把那个字帖"画"完了。

也请你开动脑筋，想想自己的学习。即使你现在处于畏惧、抗拒或逃避的状态，你也能从中找到一个更好的角度，甚至把学习当成好玩的游戏。

为什么我们总是不快乐

最后，让我们来思考一个问题：为什么我们天生容易视角单一，只看事情的负面角度？

因为人有**负面偏好**。

所谓负面偏好，简单地说就是**我们对坏事的反应要强于对好事的反应。**

不要被"负面偏好"这个专业术语吓到，它其实很容易理解。因为本能脑的首要职责是保障生命安全，所以它对危险会特别警惕和敏感。毕竟，如果我们对危险不够警觉，就很容易一命呜呼。与之相比，因太过警觉而错失几次机会不会付出太大的代价。所以，负面偏好是写在我们基因深处的又一大天性，它会在各种场景下影响我们的状态和行为。

比如你带着一张成绩单回家，上面写着"一科优秀、两科良好、一科不及格"，你的父母极有可能短暂地瞥一眼"优秀"和"良好"之后，把注意力放到"不及格"上。他们会追问原因、叹气失望，甚至动怒责怪，使空气中充满紧张的味道。你有 3/4 的天气是晴朗的，但这 1/4 的乌云却让整个天空都显得黑压压的。

我们都体会过这些场景：一天中大部分时间都过得平安顺利，但父母的一句训斥、老师的一句责骂、同学的一个抱怨、好友的一个误会……便让全天的心情蒙上了一层阴影。事实上这些"不好的事情"充其量只占全天事情的几十分之一，但它们就能如此霸道地占据我们的注意力。还有那些过去发生的和未来可能发生的"坏事"，都会不自觉地让我们产生困扰。因为**"负面偏好"会使我们更多地注意负面信息和事件，不自觉地忽略大多数正面、美好的事情。**

很多同学向我表达过类似"在公共场合或他人面前不敢表达自己的观点，害怕一旦说错会被别人笑话"的烦恼，其实这就是负面偏好的自我保护功能被激活了，因为别人的眼光和评价对我们来说是安全威胁。事实上，这种担忧完全没必要。**因为每个人都有负面偏好，所以大家最关注的人永远是自己。换句话说，没那么多人关注你，不要总觉得自己站在聚光灯下，**

自己的一言一行都在被别人观察。得到别人的关注其实是一件很难的事。很多时候，我们自己很在意，其实别人早就忘了那件事。所以，只要我们想通了这一点，就会活得更轻松。

负面偏好让我们远离危险，这原本是好事，但大多数时候它**会过度反应**，使我们"身处美好中，却活在烦恼里"，所以我们需要运用理智去审视这些担忧，消除那些不必要的心理束缚和包袱。

说到这儿，或许你能想到，转变视角其实就是元认知能力的一种体现。它就像一对翅膀，让我们可以飞到空中，360°观察自己和自己面对的困难，从而轻易看到更多角度，并选择一个更好的角度。

所以，我们要特别重视这种能力的培养与运用。如果我们在任何困境中都能转换视角、克制天性，主动解放自己的情绪和注意力，那么无论走到哪里，我们都能成为自由人。

本节要点

1. 转变视角就像一种魔法，我们心念一转，事情会向着更好的方向转变，即使我们面对的还是原来那件事情。

2. 面对困难事件，我们要学会多角度看问题；面对枯燥事件，我们要把它当成另一件事。

3. 每个人都有负面偏好，所以大家最关注的人永远是自己，换句话说，没那么多人关注你。

第三节
兴趣：那些只凭兴趣学习的人都失败了

想要独立思考，其实很简单，只要比别人多想一层就可以了。真的不用多，只要一层，你就能击中一些问题的本质。比如"兴趣"这件事就是这样的。

我们都知道"兴趣是最好的老师"，也听过很多名人因兴趣而最终成就自己的故事，甚至自己也有过这样的经历。不过，这只是我们对"兴趣"的第一层认知，因为看不到第二层含义，所以很多人不可避免地掉进了坑里。

比如一些学生因为某一科成绩不好，学得很痛苦，就认为自己对这方面不感兴趣，于是破罐破摔，把兴趣当成了放弃的借口；一些职场人一边想着做感兴趣的事情，一边又必须硬着头皮去做那些自己不感兴趣但可以赚钱的工作，结果哪一头都无法全力投入，把不感兴趣当成了平庸的借口。

我们不是在寻找兴趣就是在寻找兴趣的路上，却从来没有想过兴趣从哪里来、到哪里去。但只要我们先停下来，往深处稍微看一眼，就能发现，**促使我们成功的核心其实不是"兴趣带来的喜欢"，而是"擅长带来的成就感"。**

正是这一点小小的认知差别，造成了我们长久以来的误解，以致那些只谈兴趣却从来不关注成就感的人，最后失败了。

兴趣是成功的老师，但成就是兴趣之母

我们常把兴趣比喻成老师而不是母亲，比如我们常说"兴趣是最好的老师"，却很少说"兴趣是成功之母"，这个小小的角色差别是有道理的。因为老师只负责领我们进门，给我们初始的驱动力，我们不能靠老师来成就自己，但是可以通过自己的行动来换取成就感，推动自己继续精进、前行。

就像你看到跑步有诸多好处，对此产生了兴趣，结果没跑几天可能就再也不愿意从温暖的被窝里起来，去寒冷的室外"受虐"了，但有人就是愿意这样做，并且乐此不疲，因为持续跑步带来身心方面的长久畅快感，会让自己上瘾。一旦体验到这种成就感，什么寒冷天黑、刮风下雨，都拦不住自己换上跑鞋出去跑步。

你不愿意做某件事，很可能不是不感兴趣，而是没有体会到成就感罢了；你讨厌做某事，也可能不是你不喜欢，而是你不够擅长罢了。没有人不愿意做自己擅长的事。如果你数学成绩很好，你就会说自己喜欢数学；如果你数学成绩很差，你就会说自己对数学没兴趣。工作也是一样，你若不喜欢，也可能不是不感兴趣，而是因为你没别人擅长罢了。

人是爱自我解释的动物。擅长的时候，我们就说自己喜欢；不擅长的时候，我们就说自己没兴趣。如果你真的决定做一件

事，最先考虑的应该不是自己有没有兴趣，而是自己是否擅长做这件事。所以，**在自己还不够擅长的时候，不要轻易贴上不感兴趣的标签，而应先逼迫自己努力一把。**

无论学习还是工作，到了某个阶段总会变得很难，这个时候兴趣救不了你，但是成就可以。所以，在最艰难的时刻，更好的选择不是因无趣而放弃，而是逼迫自己努力跨越障碍。等你冲破那段黑暗时刻，收获了成就，就可以骄傲地继续走下去。毕竟**谁都可以喜欢某件事，但擅长某件事则需要努力才能办到。**

如果我们能从意识上主动变"喜欢"为"擅长"，走向成功的概率就会大大提高。当然，人与人之间确实存在差异，有些人天生就擅长某些事物，有些人天生就厌恶某些事情，但这些极端的好恶终究是少数（见图7-1）。

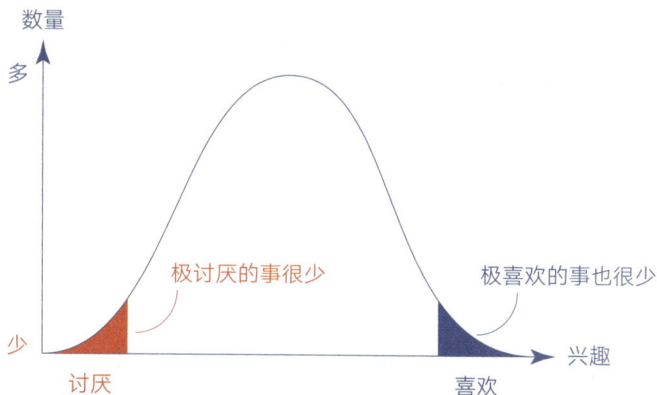

图7-1　兴趣的正态分布

如果你找到自己极喜欢的事情，那是上天的礼物，请一定要珍惜；如果你发现了自己的"人生禁区"，那也是上天的提示，请从战略上避开。不过，聪明人绝对不会仅以"是否喜欢"这个标准来衡量，否则人生选项将极少，但是改用"是否擅长"这个标准，情况就不一样了。我们可以通过努力，主动转换自己必须面对的事情，甚至那些所谓"禁区"中的事物也能为己所用，这将极大丰富人生的选项。

感兴趣之事不等于有趣之事

很多人会把感兴趣之事等同于有趣之事，尤其是那些阅历较浅的年轻人，会不自觉地使用这一标准来引导自己的取向：觉得应该做有趣的事情，不做无趣的事情。

论有趣，玩游戏、刷微博、看抖音……这些直接刺激显然更有趣，但是在这些事情上，再擅长也无法成就自我。当然，我们不会笨到这种程度，把娱乐当成兴趣。但即使退一步，我们在选择目标时把焦点放到诸如绘画、音乐、摄影、写作等高级技能上，或者在做职业选择时，同样不能忽略这一点：一定要选择那个能给你带来长久价值而非最有趣的选项。

有趣的选项固然吸引人，但如果我们无法通过它产出属于自己的长期价值，一样是竹篮打水一场空，因为没有价值产出就难有成就感，没有成就感，原来的有趣之事也会渐渐变得无趣。但反过来，即使那个选项并不怎么有趣，而我们依然能通过它给别人带来长久的价值，被他人强烈需要，我们也会对它热爱无比。

总之，**兴趣不是喜欢，而是擅长；兴趣也不是有趣，而是有价值**。所以，你要是找到那个既喜欢又擅长、既有趣又有价值的兴趣之事，那就不要犹豫了，全力以赴吧。

为什么我们听到的都是成功的故事

这句话反过来说就是：为什么我们听不到那些因"兴趣"而失败的故事？因为那些错误对待兴趣而失败的人，最后都没有机会站在话筒前向大家讲述自己是如何失败的。

著名的"幸存者偏差"理论就是这么来的。我们有机会看到少数成功者讲述自己成功的经历，但是更多失败者的经历我们连听到的机会都没有，所以那些为人熟知的成功故事往往并不客观，我们唯有独立思考，才能看清真相。

愿你能以此为起点，走出迷雾，找到属于自己的学习和成长之道。

本节要点

1. 促使我们成功的核心其实不是"兴趣带来的喜欢"，而是"擅长带来的成就感"。

2. 在自己还不够擅长的时候，不要轻易贴上不感兴趣的标签，而应先逼迫自己努力一把。

第四节
打卡：莫迷恋打卡，打卡打不出学霸

你学习时喜欢打卡吗？

打卡似乎是一个不错的学习方法：把大目标分解成小目标，日拱一卒，既能看到努力的轨迹，又能增强行动的信心，而且把大目标平摊为每天的小任务，看上去既轻松又无痛苦，成功似乎只是时间问题。

然而，总有哪里让人感到不对劲。

比如读者"阿健"就有这样的困惑，他在咨询时表示："我为了学习，建立了5个打卡计划，天天坚持，但是，如果某个打卡计划一旦中断，我就想把它扔一边，不愿再继续了。"

是他太贪心了？还是他有完美情结？都不是。事实上这种现象背后藏着一个隐蔽的心理机制：**动机转移。**

本章第二节讲过"动机转移"这个概念，不过动机既然可以转移，就意味着它既可以向正面转移，也可以向负面转移。而在打卡这件事情上，它的转移方向通常是负面的。

为了看清它，我们不妨关注一下朋友圈里打卡的人，虽然他们每天打卡打得很起劲儿，但最终学有所成的人寥寥无几。对大多数人来说，打卡只是一场充满激情的欢娱盛宴，无须多日，他们就会出现在另一轮打卡活动中，或是无疾而终了。

当然，这样说肯定会让很多正在打卡的人不高兴，但先别生气，请继续往下看，我会给出合理的解释，也会提出更好的办法。事实上，我并不反对打卡，只是我们必须学会区分几种情况。

动机转移，动力扭曲

"微信运动"大家都知道，这个功能可以让自己每天的行走步数显示在排行榜上。不排名不要紧，一排名，有些事就变了。不管之前爱不爱运动，人们都开始冲进大街小巷、公园码头，甩开膀子走了起来，无论刮风还是下雨，都抵挡不住他们的热情。这乍一看是好事，每天的排名激发了人们的运动热情，既能健身又能社交，多好啊。但问题就出在这里。

因为从开始排名的那一刻，人们的锻炼动机就不知不觉地发生了转移：原先纯粹是为了身体健康，享受运动带来的美好，现在却是不自觉地为了自己的成绩在排行榜上更好看，甚至有人还专门为此去买设备或用软件"刷"步数。

打卡活动也是如此。一开始，人们的行动动机全都出于学习成长本身，一想到自己今后能够轻松早起，享受美好时光；锻炼塑身，拥有美好身材；热爱阅读，成为博识智者……就顿时信心满满，动力十足。出于这种目的，打卡更像锦上添花，即使不用任何意志力支撑，人们也能持续行动。然而打卡一旦开始，任务心态其实已经锚定了。

随着时间的推移，热情消退，动机减弱，学习成长的难度逐渐增大，人们不得不依靠更强的意志力去坚持，等到意志力也难以为继时又该怎么办呢？直接放弃？那不等于告诉大家自己不行吗？多丢面子啊！

为了不陷入痛苦，我们的大脑会开启自我保护模式，在举步维艰的时候主动调整认知，给自己找借口："学习很难，但打卡并不难啊！只要完成打卡，不就代表任务已经完成了吗？""既然打卡就代表完成，那为什么不选这个轻松的，而非得选那个难的呢？"

这就是大脑"解释系统"的逻辑，虽然很荒谬，但强大的天性会迫使理性这样解释，而有的人还真接受了，于是有人去网上购买刷步神器，坐在家中就可以让自己运动步数名列前茅；有人早上 5 点闹钟一响就在早起群里打个卡，然后倒头继续睡；有人翻开书，拍张照，然后将照片发到朋友圈，以示自己今天读过书了……

这些做法虽然有些极端，也只是少数人的行为，但大多数人在意志力薄弱的情况下，都会为了完成打卡任务而不自觉地降低标准，此时做多做少、做好做坏已然不是最重要的，最重要的是完成打卡任务。人们坚持的动机，就这样不知不觉地从学习本身转移到了完成任务上，由内在需求转移到了外在形式上。

阿健同学正是因为没有意识到自己的学习动机已经转移，

所以疑惑为什么一旦打卡中断就不愿继续行动，因为他最关心的是让打卡纪录保持完整，而不是让学习过程保持完整，其实对于学习来说，偶尔中断又有什么关系呢？

一些"中毒"更深的人，他们的学习动机转移了，甚至连学习的目标也转移了。他们起初还记得做某件事的意义，比如知道学英语是为了与外国人流利地交谈，但时间一长，目标就被简化为每天背 20 个单词，于是他们每天只是机械地完成、打钩，却忘了所学为何，从此陷入为学而学的境地。

认知闭合，效能降低

单纯地依赖打卡，不仅会转移行动的动机，还会降低行动的效能。这源于另一个重要的心理机制——**认知闭合需求。**

所谓认知闭合需求，就是指当人们面对一个模糊的问题时，就有给问题找出一个明确的答案的欲望。比如古时候人们不知道为什么下雨，于是下雨这个问题就没有闭合，会让人很难受，所以古人就用雷公、电母、龙王解释雨的成因，这些说法虽然没什么根据，但满足了认知闭合需求。将这一概念扩展到行为上也是一样的：**一件事若迟迟没有完成，心里就总是记挂，期盼着早点结束；此事一旦完成，做这件事的动机就会立即趋向于零。**

比如老板交代你做一件事，在完成之前，你总会对这件事念念不忘，脑子里都是关于这件事的零零散散的细节，但是只要老板说可以了，这件事就结束了。任务一旦闭合，大脑就会清理原先被占用的记忆空间，那件事很快就会退出脑海，行为的动机也就消失了。

我们之所以有这种心理，是因为人类的大脑喜欢确定性，不喜欢未知或不确定的东西。而打卡活动自带任务心态，人们每打一次卡，都要面临一次任务闭合需求，这在开始时并无大碍，但动机一旦转移，人们的心理就会发生变化。

比如你每天要打卡记 20 个单词，如果今天时间来不及了，但为了完成打卡，你就可能随便扫几遍，告诉自己学过了，先让任务闭合再说，不然总惦记着这事，心里难受。反过来，如果今天时间非常充裕，你一早就完成了记 20 个单词的任务，打卡一结束，任务就闭合了，此后，你的学习动机衰减为零，你也不会想着再多做些探索。

这就是打卡心态的特性：**学不到，假装一下；学到了，立即停止。**所以单纯抱着打卡这一任务心态去学习，很少会有强烈的主动性，毕竟在任务心态的驱使下，人们关注的是完成情况，对任务本身没有更大的热情。

另外，任务心态还会使人身心分裂，让人无法在学习过程中保持专注。比如，跑步时总想着再跑多少米就可以结束，读书时总想着再看多少页就可以完成，背单词时总想着再记多少个就可以完事……这样的心态会使注意力处于分散状态，很难全身心投入事物本身，从而体会其中的要领和乐趣。

两个策略，轻松改变

写这些没有一竿子打翻一船人的意思。正如开篇所说，我其实不反对打卡，很多时候打卡是一个很好的工具，它确实能助推我们持续行动，形成行动惯性，这也是很多人对打卡爱不释手的原因。但我们切不可完全依赖打卡，否则很容易陷入认知陷阱。

现实中的打卡大军几乎都缺乏觉知，在助推期结束后不能及时、主动地调整动机，导致深陷其中却不知其害。当然，也有一些人能做到学习和打卡相结合，究其原因，并没有什么神秘之处，不过是因为他们的行为动机没有改变——打卡只是学习活动的附属品。

那他们是如何做到的呢？

只要一个小方法就能立即改变，那就是**用记录代替打卡。**

每次学习后只做行动记录，不做打卡展示，把学习过程记录下来，既可以看到自己的学习轨迹，又便于每周复盘（见图7-2）。

	周一	周二	周三	周四	周五	周六	周日	周回顾
第一周	✓	✓		✓				3/7
第二周		✓	✓	✓	✓			4/7
第三周	✓	✓	✓	✓			✓	6/7
第四周	✓	✓			✓	✓		4/7

图 7-2　用记录代替打卡

虽然看上去记录和打卡是一样的，但这样做没有打卡的任务压力，让我们可以将注意力集中到活动本身，而不是完成任务上。

当然，也无须担心缺少打卡的限制会使自己懈怠，毕竟谁都有向好之心，谁不愿意自己每次都比上次做得更好呢？只要专注于学习成长活动本身，体会其中的乐趣，就能保持强烈的学习动机，化被动学习为主动学习。打卡与记录，看似只是叫法上的不同，但其中有着非常微妙的差别，需要悉心体会。

同时，我们在设置任务时要使用新策略：**设下限，不设上限。**

比如原先打卡每天要背 20 个单词，这是任务的上限，假设做到这一条并不容易，所以任务一完成你就会松一口气，心想：终于完事了。现在把任务调整为背 5 个单词①——一个很容易达成的下限，这样做的好处是你完成目标毫无负担，且此时刚好进入学习状态，精力旺盛，就愿意顺着惯性继续学下去，毕竟此后多学一个单词都是额外的收获，心态会完全不同，身心容易沉浸，不会顾虑什么时候才能完成任务。

这种策略的智慧之处在于规避了任务闭合需求，只要觉得有意思，你就可以一直学下去，直至自己觉得有些吃力。由于没有设置具体的上限，比起打卡模式，新策略的能动性要强很多，而且能动性还是可持续获取的。

---

① 此处的目标任务仅为说明"设下限、不设上限"的方法。——编者注

除此之外，这种策略也极其符合刻意练习的原则——让自己始终处于舒适区边缘。因为这么做，你每次都刚好可以学到有点难但又不是太难的程度，而打卡却必须面对一个固定的任务值，很容易让人觉得无趣或困难，从而放弃。

当然，这个策略不是我臆想出来的，而是很多人共同实践的守则。比如读者"培基"就分享过一位高中学霸背单词的秘诀。学霸说自己的秘诀就是每天记一个单词，结果下面的同学都笑了。学霸继续说："我一天背一个，一年也有365个。你一天背20个，背两天就放弃了，相当于没背。"对此，我深感认同。

《微习惯：简单到不可能失败的自我管理法则》一书的作者斯蒂芬·盖斯实践的也是这个理念，他要求自己每天只做一个俯卧撑、每天只读一页书、每天只写50个字，这种无负担的习惯养成法最终促使他拥有了良好的身材，养成了阅读习惯，还写出了自己的书。他认为这种方法简单到不可能失败。

我亲测有效，你也可以试试。

本节要点

1.动机转移可以转向正面，也可以转向负面。打卡活动通常会转向负面。

2.打卡心态的特性：学不到，假装一下；学到了，立即停止。

3.破除打卡心态的方法：用记录代替打卡；设下限，不设上限。

第八章

环境——学习的助推

第一节

现实环境：学会"偷懒"比努力更重要

浙江大学是一所人才辈出的知名学府，2019 年 6 月，它竟因几位宿管和保安的事迹被送上了新闻，因为这些宿管和保安展示了远超自己身份定位的追求与技能，进而被人们誉为浙大"扫地僧"。其中两位给我留下了深刻的印象。

一位是玉泉校区老师公寓的宿管阿姨。她来到浙大后，被学校的学习氛围感染，便利用值班时间自学英语。在接受采访时，她说："看到你们楼层里人才济济，忙忙碌碌都是为了学习，我好像错过了这个时代，我要再变成一个学习的人。"

另一位宿管阿姨徐霞，2010 年来到浙大，在与同学们相处的过程中，她感受到学生积极好学的精神，于是也学起了画画。她说："孩子们那么优秀，我也不能拖了后腿！别人能做到的，我为什么不行？"现在她不仅有不少拿得出手的绘画作品，还成了一位吉他小能手。

当然还有其他"扫地僧"，他们或擅长画画，或精通摄影，或专攻根艺，或善赋诗词，或长于跑步，让人耳目一新。

现在让我们做一个假设：如果这几位宿管和保安并没有来到浙大，而是去了清洁公司或建筑工地（没有鄙视岗位的意思），他们会有这样的命运吗？或许有，但概率极低。毕竟光论努力程度的话，很多相同境遇的同龄人或许比他们付出的更多，却未必有他们的学习成就和生活希望。

这正是环境赋予一个人的力量，它能让一个人产生变好的念头并愿意去努力，还能让这份努力的效果得到放大。从某种程度上讲，环境的力量其实远超个人努力，只是很多人会天然地无视或忽略这一点，认为只要努力就可以成就自己，毕竟努力是看得见的，而环境因素却因为自己身在其中而很难觉察。所以，很多人要么麻木地生活，不知思变；要么盲目地努力，承受着事倍功半之痛。

在诸多咨询中，我也发现不少读者虽然有强烈的改变愿望，行动上也非常努力，但由于他们身处恶劣的成长环境，这些努力收效甚微。为了保护对方的积极性，我只好刻意忽略环境因素，鼓励对方再努力一些，尽量不泼冷水。但现在我决定不再回避，因为环境因素是我们无法避开的，就算现实让人不满意，我们也要鼓足勇气去面对它。我们唯有正视它、看清它，才能有意识地躲避限制，并反过来借势前行。当我们学会借力环境时，自己的努力才会更有成效，而这一切还得从察觉环境这道无形的屏障开始。

镜像神经元

我们的生活环境决定了自己每天要见哪些人、做哪些事，这些人和事会直接影响我们的思维和言行，因为**人类大脑中有镜像神经元，它会让我们无意识地模仿身边的人和事**，所以若是周围的人经常做某些事情，我们也会不自觉地学着做。

比如，当我们看到别人在学习某项新技能时，我们也去学的可能性更大；当身边的人成天无所事事玩游戏时，我们也更容易跟随。这些都是潜意识活动，我们可能根本意识不到自己在受环境影响。

这也解释了另一种现象：一些学习成绩好的人可能连他们自己都搞不清为什么自己会学习好，因为他们确实没有像别人那样特别努力。但如果我们追溯到他们生活的环境，也许能找到一点线索：或许他们的父母是知识分子，在家中学习是常态；或许他们的邻居玩伴都出身于书香门第，从小看大人说话、做事都动脑筋；或许他们家中遍藏书籍，随手可以翻阅；又或许他们因为家境贫穷，生活中少有娱乐的诱惑和干扰，反而拥有了专注的环境和习惯……总之，他们在某些特定环境的影响下，在学习动力、学习习惯或专注力上形成了无法察觉的优势。

就像几位宿管和保安来到大学之后，环境变了，镜像神经元开始发挥新的作用，之前的学习愿望就被唤醒了。他们之所以能快速改变，是因为当他们模仿的对象是"专家型的示范者"时，学习速度会显著提升。

《暗时间：思维改变生活》的作者刘未鹏也曾回忆说，他父亲的书橱里面塞满了字典厚度的大部头，是各种电工手册，所以他从小对大部头的书没有畏惧感，觉得是理所当然的求知途径。不难想象，如果我们成天生活在人们看电视、打麻将、游手好闲的环境里，会大概率地模仿出另一类言行和思维习惯。我们会不自觉地展现和身边人相似的言行，习惯接受高刺激和轻松肤浅的信息，静不下心阅读或思考。所以，即使我们在学习方面表现得很努力，也很难与他人一较高下，因为很多我们觉得不可思议的事情在别人眼里可能早已习以为常。

另外，比起环境的影响，直接告诫自己要努力其实很单薄。因为在一个特定环境中，我们的各个感官同时接收多维度信息——看到的、听到的、闻到的、触到的、尝到的……这些信息量非常之大，只能交由强大的潜意识来处理，而潜意识会首先调动本能冲动和情绪欲望。

我们都知道一个人的情绪力量是很强大的，它怒可火山爆发，丧可心如死灰，而告诫自己要努力不过是理智脑的单维度思考，它在情绪力量面前其实非常干瘪。所以，那些成天吼着要孩子努力学习而自己从不以身作则的家长其实很无力，**因为孩子的镜像神经元只有在家长做出相应行为时才会被激活，所以一万句劝说抵不过自己的一次真实示范。**

在这方面，《把时间当作朋友》一书的作者李笑来讲过一段有趣的经历。

半年前，我买了一把木吉他送给一个朋友，他家三个孩子。我跟小朋友的妈妈说，要是小朋友小时候就学会弹琴，又那么帅，长大了肯定魅力非凡……几个月过去，据说那吉他放在那里，完全没有动过。最近的某一天，我那朋友在家里组织大伙烤肉吃，我去蹭饭。过程中我把木吉他调好弦，当着小朋友们的面玩了一会儿。据说，此后的每一天，小朋友都缠着他妈妈找吉他老师……

事后他说："学习兴趣常常并不是被某项技能自动引发的，而是因为见识到真人在实操那项技能，所以才被深度激发，产生兴趣。"

可见，仅仅用嘴说"弹吉他会使人魅力非凡"这种道理并不能真正触动人，而真人实操则能让人听到、看到、触到，甚至是闻到、尝到，从而让人在心里强烈地希望自己也能变成那样，这就是镜像神经元和潜意识的力量，所以无论劝别人还是劝自己，让自己成为榜样或让自己身处理想环境，都是更优的选择。

当然，如果我们不希望自己变得更差，就一定要想办法远离那个不好的环境，**因为我们很难在无意识的状态下表现出高于所处环境的言行或追求，我们只会在当前环境中保持最舒适的状态。**比如，长期生活在混乱的环境中，就更可能大声说话或随地吐痰，因为周围很多人这么做，柔声细语和讲卫生显得没必要。而在一个人人都不学习的环境里，人们也会自然地认为：学习这件事，没什么必要吧！

信息环境和贴身环境

让我们把镜头再拉近一点。假设一个人身处良好的大环境，那他一定能成就自己吗？未必！因为还有无孔不入的信息环境和贴身环境会产生阻碍。

自互联网和移动互联网诞生以来，我们便进入了前所未有的信息便捷时代。但信息便捷是一把双刃剑，它至少在两个方面极大地干扰着我们的注意力。

一是信息爆炸了，但知识并没有爆炸。海量的信息不仅增加了我们甄别、筛选知识的难度，还让我们随时随地处于高刺激的即时信息和浮浅信息的包围中。信息环境和真实环境一样，我们接触的信息的质量会影响我们的思维和言行，如果不注意筛选，我们便会陷入不良环境之中。

二是被称为人体新器官的手机，随时可以把我们的时间撕成碎片。你完全可以想象到，即使是一位不用操心一日三餐的高才生，他在自学的时间里，也可能会因为一条手机信息而不断地点击链接——从微信到微博，从抖音到头条，一晃几十分钟过去了——再好的学习环境也会被"浪费"。所以，在未来的世界里，要想成就自己，信息环境不容小觑。

科学研究表明，人的大脑具有适应性。一旦大脑习惯了高频率的快感和刺激，它就很难容忍长时间没有新奇性的东西，只要当前的活动稍微有些无聊，或者有一点点认知上的挑战，我们的大脑就会想从这些低刺激、高价值的活动转向高刺激、低价值的活动。

孩子的年龄越小，他在这方面受到的影响就越深。所以，一个经常刷短视频、沉溺游戏、热衷于谈恋爱、对八卦话题感兴趣的孩子，在面对诸如阅读、钢琴、舞蹈、书法、绘画等相对枯燥的活动时，会更倾向于走神和放弃，而那些从小受到严格管教的孩子则更倾向于专注和坚持，因为**他们的大脑从一开始就适应了低刺激的活动，而学习活动几乎都是低刺激性的。**

这也是为什么一些贫困家庭的孩子同样可以出类拔萃，因为他们无意间拥有了没有诱惑和干扰的学习环境，不自觉地养成了专注学习的习惯，而一些家庭条件比较好的孩子虽然有机会接触更多优秀的人和事，但也更容易置身于高刺激的环境中。

可见，**好的学习环境和家庭贫富没有直接关系。理想的学习环境最好同时具备"能接触优秀的人和事"和"低刺激"两个属性。**

当然，我们也不能忽视贴身环境的设置。比如，有序、简洁的环境会让我们的注意力更加集中；随处可见的玩具和杂物则会分散我们的注意力；我们房间里出现的摆设、书桌上放置的物品，甚至墙上的海报（明星还是科学家）都会对我们的潜意识产生无形的暗示。所以**要特别关注我们目之所及和触手可及的东西，因为离我们越近的东西就越会被关注，而越被关注的东西就越容易被放大。**如果你想让自己变得更好，就要学会通过环境的设置来影响潜意识，帮助自己减小阻力或增加动力。

除此之外，所处环境空间的大小其实也会影响我们的思维和情绪。如果你是一位创意工作者，最好关注一下自己办公空间的大小。在狭小的空间里，我们的思维也容易受限；在空旷的环境中，我们的思维更容易天马行空。当你没有灵感或情绪不好的时候，不妨去空旷的地方走一走、活动活动，或许会有柳暗花明的惊喜。

说到我们的贴身环境，最典型的莫过于自己的身体了，因为身体和大脑是紧密关联的。长期坚持有氧运动不仅可以让我们的身体更健康，也会让我们在思考力、专注力和自控力方面有更好的表现。

另外，语言也会影响我们的思维。正如本书第六章第四节所说，如果我们习惯说"我不行""我做不到"，就会给潜意识巨大的暗示，然后我们就会真的放弃。但只要在这些否定语句中加上**"只是暂时"**4个字——"我只是暂时不行""我只是暂时做不到"，情况就会完全不同。这一点小小的变化，可以让"固定型思维"转变为"成长型思维"[①]，是不是很神奇？

以上环境虽然并不起眼，但都是值得注意的技术细节，关注它们，我们的反制策略会更加有效。

大环境借势，顺流而行

借势而行的道理早在 2000 多年前就被孟子的母亲知晓了。

[①] 固定型思维和成长型思维引自《终身成长》，前者指凡事以他人和外界评价为标准的行为模式，后者指凡事以自己能否成长和改变为标准的行为模式。

她为了培养孩子，几度搬家，从墓地到集市，从集市到学堂，最终借助环境的力量将后代培养成才，生动诠释了借力环境的重要性。孟母三迁的典故早就告诉我们：**移动到更好的环境中是借力"偷懒"的上上策。**

但说实话，换环境的成本很高，尤其是在现代社会。譬如为了进一所好学校，人们得先有买学区房的实力；想要接触优秀的群体和活动，也得具备相应的能力，这并非每个人都能随便拥有的。毕竟这个世界原本就是不公平的，我们出生在什么年代、什么地方、什么家庭都不由自己决定，一旦处于不利位置，大多数人在大多数时候都很难快速摆脱现状。但是"不能快速摆脱"不代表"不能摆脱"，只要我们有改变之心，保持足够的耐心，采取有效的策略，就能立足长远，重塑决策，并在小范围内主动改变，慢慢地让自己移向有利位置。仅仅意识到这一点，我们就足以对未来产生信心和希望，即使当前身处逆境。

所以我们要把**"借势环境"**这4个字牢牢刻进自己的脑子里，刻意运用这种意识帮自己做出不同于以往的决策和选择。

如果我们身处不利环境，那就要下决心付出更多努力，利用点滴时间早做准备，争取早日去往更理想的环境，毕竟你肯定不愿意在不利的环境中待一辈子。

另外，我们虽然无法快速改变或立即进入理想环境，但是去见识一下还是没有问题的。比如很多家长会在孩子读高中时就带他们去理想大学参观，让孩子置身于那个真实的、优秀的环境之中，这是极为明智的。这会调动孩子的多维度感官，让他们发自内心地产生学习动力，而这种真实环境的激励比父母每天苦口婆心的劝说要好得多。

同理，对于心中有梦想的人来说，花些成本让自己或孩子去见识更美好的生活、接触更厉害的人也是好的举措，这些经历或许会让你或你的孩子心生向往、动力满满，也可能让你或你的孩子遇到生命中的贵人，加速成长。总之，在物理空间内尽可能接近优秀的人和环境，这比待在原地不动要主动和明智得多。

小环境借力，主动掌控

大环境通常难以快速改变，所以我们需要注重选择与决策，因势利导。而越贴近自己的小环境，我们可自主掌控的机会就越大。比如我们可以像整理生活环境一样整理自己的信息环境，取关无用的订阅、卸载多余的软件，保证信息环境纯净、高质量；可以养成"先静音或关闭手机，待完成重要任务后再定时查看信息"的习惯，以降低即时信息的干扰；可以精心布置生活空间，去空旷的环境活动、锻炼身体，优化语言表达等。

这些做法即使我不说，想必你也能从上文推导出来，但如果想灵活应对更多场景，则需要进一步发挥自己的**觉察力**和**想象力**。

想在小环境中占据主动权，首先考验的是觉察力。有了觉察，我们就会留意出现在自己眼前的任何信息，关注自己要去哪里、会见到什么人、看到什么事、听到什么话、产生什么想法和念头……这些**所见所闻会影响我们的下一个选择，而下一个选择又会塑造下一个环境。**这种连续的"选择接力"组成了每个人的人生，所以从一定程度而言，自我觉察直接影响我们的生命质量。

这样的例子不胜枚举，比如《坚毅：培养热情、毅力和设立目标的实用方法》一书就提到一个非常善于觉察的汽车销售员。他说，不论什么时候，只要看到人们成群结队地聚集在餐厅或者饮水机旁，他就本能地不往那些地方去。因为这些人在那样的情境下聚集到一起，总是不可避免地发牢骚，毕竟人们心情不好的时候，总是想找伴，他不想被任何消极的感觉或言语影响，那会使其做不成销售业务。

这确实是个聪明的原则：如果不希望受某些环境的影响，最好的方式就是避免让自己置身其中。换句话说，想办法远离不良环境，就相当于待在更好的环境中。科学研究也发现，**那些看起来有强大自控能力的人并非真的比常人更自律，而是因为他们会尽量避免置身于充满诱惑的环境中——这才是他们保持自律的真正"秘诀"。**

我们当前的想法会创造下一个环境，而下一个环境又反过来影响我们的想法，环境与想法相互促进，相互塑造。正如脑神经研究专家拉亚·博伊德博士在 TED 演讲中说的："你和你的可塑型大脑不断地被周围的世界塑造，你所做的每一件事、遇到的每一件事，以及你所经历的一切，都在改变着你的大脑。这可能带来更好的结果，也可能造成更坏的结果。"所以我们要想办法主导自己的经历，以营造更好的环境来塑造自己。

除此之外，我们还可以借助想象力，开拓一个理想的虚拟环境，进一步摆脱现实力量的影响。

比如，当我们看到身边的人都在玩手机游戏或闲聊打发时间时，可以想象自己当时并未在现场，而是在和另一群优秀的人在一起，此时你就知道自己该做什么了。这种方法可以被称作**"跳出空间"**。

再比如，当我们沉迷娱乐、虚度光阴时，可以想象十年后的自己是什么样的人，通过未来视角审视现在，就知道现在应该怎么选择了。这种方法可以被称作**"跳出时间"**。

当然，如果以上办法仍然无法解除现实环境的限制，那也没有关系，我们还有最后的防御手段——阅读。

本节要点

1. 人类大脑中有镜像神经元，它会让我们无意识地模仿身边的人和事。

2. 学习兴趣常常是因为见识到真人在实操那项技能，才被深度激发。

3. 把"借势环境"这4个字牢牢刻进自己的脑子里。

4. 自律的真正"秘诀"是尽量避免置身于充满诱惑的环境中。

第二节
精神环境：用阅读打造顶级的朋友圈

不管现实环境是否理想，我们都可以用阅读建立一个属于自己的精神环境。因为一本书就是一位高人，而阅读就是和高人聊天，所以只要你愿意阅读，你就有机会拥有一个具备顶级思想的朋友圈。这种机会在现实环境中是很难拥有的，但在精神环境中人人都可以获得。

换个角度看阅读

如果一个人有极佳的学习环境，或许他不用阅读也能从中学到很多有用的东西，但现实中大多数人很少有这样的机会和资源。

怎么办？阅读。

书籍是传承思想的最好介质，顶级的思想都能从书籍中找到，只要**选书得当**，就能以极低的成本找到各领域内顶级的思想。这些思想通过书籍被清晰无误地记录下来，简洁精练，甚至还经过了上百年时间的沉淀和检验，而你只要花上几十元就可以直接获得。从这个角度看，读书不再是扫视白纸上黑字的重复动作，每读一本书，实际上就是在进行一次名人访谈，就是在和顶级的专家交流谈话。

这种交流谈话既不用花费巨额路费，也不用考虑时间限制，更不用担心对方缺乏耐心。只要你愿意，你随时能接触到顶级的思想。还有比这更舒服的事情吗？可以说**读书就是用最低廉的成本获取最高级的成长策略**，这是所有人提升自己的最好途径。

除此之外，书籍可能是一段生命经历、一种奇妙见闻，也可能是一场奇思妙想。当我们拿起《活出生命的意义》，就可以跟随维克多·弗兰克尔去纳粹集中营感受绝望中的重生；当我们捧起《三体》，就可以进入刘慈欣描绘的宏伟雄壮的星体文明世界……

脚步不能丈量的地方，文字可以；视线无法触及的地方，文字可以。文字还可以带我们穿越时空与千百年前的顶级思想家交流。时间和空间都不再成为束缚，这可是无法轻易拥有的能量，但阅读能够帮助我们获得。

不读书，只能想自己的所见所闻，而读书，持续地读书，持续地读好书，则相当于和古今中外顶级的思想家处在一个朋友圈。另外，我特别建议年轻人多读一些人物传记，这样，我们一辈子就可以活出好几辈子的精彩。

留心的话，你还会发现**几乎所有的书籍都是智者看待事物、做选择、决策的过程。**看多了之后，你就能借助他们高明的视角来提升自己的选择能力，而我们每个人的命运不就是各种选择的结果吗？所以，阅读改变命运，就是从改变我们的认知和选择开始的。

现在再看看你身边的书，你还觉得它仅仅是本书而已吗？

阅读，拥有高密度的思考

远古时代，我们的祖先为了更好地生存，学会了记住那些危险的场景，以便在需要的时候能快速做出反应，否则每次遇到野兽时还要思考到底危不危险，那样他们可能早就被吃掉了。我们大脑就是这样运行的：思考一次，记住，下次遇到同样的情况时只要调用原来的记忆就好了，不需要重新思考，因为思考这件事对大脑来讲是非常缓慢和耗能的。大脑很聪明，能巧妙地化繁为简，但后遗症便是，我们越来越依赖通过调用记忆或者说是利用习惯来做决策。

人，生来追求简单舒适，在无觉知的情况下，能偷懒就一定不会费力，这使绝大多数人天生抵触思考。然而，我们早已从远古文明进化到了科技文明和信息文明，在现代社会，人与人之间的根本差异是认知能力上的差异，而认知能力极度依赖思考能力，可以说，思考能力是我们立足现代社会的根本竞争力。所以，目光长远的人都会主动、刻意地磨炼自己，尽力提高每天的思考密度。

比如查理·芒格就说过："我这辈子遇到的聪明人没有不每天阅读的，一个都没有。"反观我们自身，思考密度其实是很低的：待人接物、安排日程、参加活动、食堂用餐、使用手机……绝大多数时候只是调用原有的记忆模块，顺着习惯做出反应而已，真正的思考其实并不多。那如何才能快速提高每天的思考密度，让自己在未来更具竞争力呢？

阅读！

阅读可以让我们的思维随时与顶级的思想交锋，对一个主题进行深度全面的理解，并与自己的实际情况充分关联，这种状态在平淡的生活中是很少有的，但是只要拿起书本就可以马上拥有。我们每天在阅读上花费的时间越多，花在无意义的娱乐活动上的时间就越少，思维密度就会越来越大。通过长年累月的积累，我们一定会与那些从不阅读的人拉开距离。

所以，只要有时间，就去阅读吧！不要只用手机来填充空闲时间。阅读其实比玩手机更酷，也更有意义，因为书中的知识会让我们的大脑更智慧，而手机娱乐会让大脑变得更愚钝，所以聪明人会觉得不去阅读是一种损失。

阅读是一个技术活

虽然每个人都能拿起书就读，但并不意味着读书这件事门槛低。事实正好相反，阅读是个技术活，如果技术不佳，就会陷入低效的努力。所以，想让自己真正爱上阅读，最好擦亮眼睛，留心以下方面，避免走进误区。

一、读书要先学会选书。初读者在选书的时候往往喜欢向比自己厉害的人索要书单，这样做无可厚非，但我认为更好的方式是先向自己提问："什么是自己当前最迫切、最需要解决的问题？"毕竟每个人的需求不一样，如果读的书不贴合自己的需求，就很容易陷入为读而读的境地。读书之后若是能立即解决自己最迫切的现实问题，自己就能马上感受到阅读的乐趣与好处，这会激励我们继续读下去。所以书单可以参考，但不要将其视为唯一的选择标准。

另外，我们还要选择那些阅读难度刚好让自己处在舒适区边缘的书，具体来讲就是读起来有一点点难，但又刚好能读懂的书。不管别人说一本书有多好，只要你读起来觉得太难，也没什么兴趣，那最好不要硬着头皮去读，因为它和你之间肯定还存在一些信息缺口。强行去读，自己会很痛苦，阅读的兴趣也很容易被消磨掉。所以，**在初读的时候，要让兴趣、难度、需求三者尽可能同时匹配。**

如果一本书选得好，那在读完它之后，通常你会有意愿继续读下去。另外，记得留心你认为好的书里面被作者多次提到的书，这些信息往往是你继续发现好书的线索。

选书比读书本身更重要。 书籍是精神食粮，我们"吃进"的东西会在我们身体上表现出来，如果不分好坏，见书就读，可能会"读出一身病"，这样读书还不如不读。所以，选书的时候一定要警惕，浮浅的内容加上商业运作，这样的书反而会对你产生不好的影响。多关注那些经过时间检验的书籍通常不会错。

二、阅读是为了改变。很多人以为一本书只要读完，读书的过程就结束了。事实上，**阅读只是整个过程的开始，阅读之后的思考、思考之后的实践比阅读本身更加重要**（这里主要指非虚构类书籍）。很多人的阅读仅停留在表面，读的时候觉得这里好有道理、那里好有道理，读完之后就不闻不问了，然后迅速转移到下一本书中，这种满足于浏览的阅读造成的一个直接后果便是，一段时间之后再去翻这本书就好像之前没有看过一样，所有的痕迹都烟消云散了。**真正读好一本书，往往需要花费数倍于阅读的时间去思考和实践，并输出自己的东西——可能是一篇文章，也可能是养成一个习惯——这个过程比阅读本身要费力得多。**

这也回答了另外一个问题，阅读的深度比速度重要，阅读的质量比数量重要。读得多、读得快并不一定是好事，这很可能是自我陶醉的假象。如果读书只是完成了文字扫视，但并不真正理解，那又有什么效率可言呢？如果阅读只是知道了那些道理，而自己并没有发生任何实质改变，那又有什么意义呢？所以读书慢不要紧，即使一个月只能读完 1 本书，但能读通、读透，产生巨大的改变，那也比 3 天读 1 本书，记住的没多少不知要强多少倍。

只要紧紧盯住"改变"这个根本目标，很多阅读障碍就会立即消失。比如我们根本不用在意自己读后记住多少内容，即使整本书都记不起来了也没关系，只要有一个点、一句话触动了自己，并让自己发生了积极的改变，这本书就没有白读。只是很多人会天然地认为，好的阅读应该把书中所有的知识全盘记住、全盘吸收，否则就是低效的、失败的。事实上，这只是一种理想的期望，因为一个显而易见的现实就是，你现在去回想那些读过的书籍，会发现绝大多数内容你已经记不起来了，哪怕是学校里的教材，几年前很熟悉的内容，你现在也想不起多少了。所以，我推荐的阅读方法是先通读一本书，读完后将它放在一边"凉"上几天，等大脑"冷却"后，再合上书问自己"现在还能想起什么"。此时还能想起的知识一定是真正触动你的内容。我们只需把这些内容与自己的生活进行关联、实践，就可以让自己发生高效的改变。

因此，面对海量的知识，你根本不需要焦虑，用不了多长时间，你就可以气定神闲地看着周围的一切，看着有些人极其焦虑地追求速读、刷阅读量，却收集了一大堆和自己的实际需求没有太大关联的知识。如果你能意识到这些，说明你基本上已经跳出这个误区了。

三、高阶读书法。对于阅读来说，跳出误区也只是刚好回到平地，如果还想继续进阶，我想下面这两个建议非常值得你关注。**第一个是要特别注意自己在阅读时产生的关联。**如果一个知识点让你想起了其他知识，引发了关联，一定要留意，并把它记下来。知识产生关联说明你的知识网络正在形成或加固，这么做还可能创造新知识，这正是学习的核心方法之一。**第二个是读写不分家。**如果你在阅读后还能把所学知识用自己的语言重新阐释，甚至将它们教授给他人，那这个知识将在你脑中变得非常牢固。

四、有用之书和无用之书。以上读书方法适合阅读非虚构类或自我提升类书籍，但书海无涯，如果我们用一种方法和态度对待所有书籍，那么一定有人会产生这样的困惑："读自我提升类书籍确实很有用，可是读小说、诗歌、散文一类的书就没用了吗？"

答案当然是否定的。因为我们读的书大致可以分为"有用之书"和"无用之书"两类。像小说、诗歌、散文这类书通常属于"无用之书"，但无用不代表没用，相反，它们有大用。比如，它们可以让人更好地完善自我、理解生命、提升气质、提高审美，甚至创造更美的事物……这些力量是无形的，一旦滋养了人，那这个人在人群中就很容易脱颖而出并感染他人。

只是这种力量需要在一定的场景下才能发挥作用。比如，学生时代，人们普遍喜欢读"无用之书"，因为处在这个阶段的人没有生活压力，可以专注于精神世界；一旦他们在学习上遇到困难或进入职场，就需要"有用之书"来为自己提供力量支撑。毕竟在一个人学习或生活压力非常大的时候，读"无用之书"无法帮助自己快速解决问题或产出价值，但等生活富足了、有闲了，再坐下来读读"无用之书"，一定会更好。

可见，**读"有用之书"让人变得更强大，读"无用之书"使人变得更完善。**而什么时候需要变强大，什么时候需要变完善，需要看我们所处的人生阶段。

总之，阅读是每个人都能获得的平等、希望和机会，如果你希望自己变得不同，那就请用一生的时间去探索、实践。

本节要点

1. 一本书就是一位高人，阅读就是和高人聊天。

2. 几乎所有的书籍都是智者看待事物、做选择、决策的过程。看多了之后，我们就能借助他们高明的视角来提升自己的选择能力。

3. 选书的时候，尽可能让兴趣、难度、需求三者匹配。

4. 阅读只是整个过程的开始，阅读之后的思考、思考之后的实践比阅读本身更加重要。

第三节

生理环境：想要学习好，运动少不了

"四肢发达，头脑简单。"这话不知道坑了多少人。

起初，这句话还是有道理的。古时候人们生活和学习条件有限，体力劳动者为了生计，必须长时间参与劳动生产，难有更多时间和财力去学习知识，因此文化程度普遍较低。而读书人为了考取功名，也只能在室内埋头苦读，体力锻炼相对较少，因而显得弱不禁风。

或许是人们观察到了这种客观现象，自然而然就有了"四肢发达，头脑简单"的描述，又或是读书人为了维护群体尊严，也倾向于宣传这类观点。一来暗示体力劳动者虽然身体强壮，但没什么了不起的；二来暗示读书人弱不禁风并不可耻，有头脑比什么都强。

然而语言会反过来影响思维，这句描述现象（What）的话，可能被不明就里的人理解为原因（Why），比如身体好的人会想：也许自己天生不是读书的料；而学习好的人会想：不锻炼也无所谓，四肢发达，头脑也许会变笨。似乎体力和脑力之和是一个固定量，一方面占比多了，另一方面自然会少。然而事实果真如此吗？拨开迷雾之后，真相或许会让你大吃一惊。

好的事物往往是"正相关"的

英国科学家弗朗西斯·高尔顿发明了统计学上的一个重要概念：相关性。他发现，如果一个人的智力水平高，那这个人的其他方面往往也不错，比如自律能力、经济水平，包括身体条件都更好，也就是说，好的事物往往是正相关的。那能不能由此推导出身体好和头脑好也是正相关的呢？我认为答案是肯定的。

因为运动能够调节人体的各种激素，使人达到最佳状态，使身体这个内部生态系统充满能量和活力。**时常运动的人，体内生态系统犹如一汪清泉；而久坐不动的人，体内生态系统则更像一潭死水。**长此以往，一些不愿意运动的人更容易滋生焦虑、抑郁、消沉、低落等各种不良情绪，并且压力产生的毒性会破坏大脑中几十亿个神经细胞之间的连接，逐渐使大脑的部分区域萎缩，这表明，一个长期缺乏运动的人可能会变"笨"。

而另一个让人觉得不可思议的好消息是**运动能够使大脑长出更多新的神经元，这意味着运动可以在物理层面让人变得更"聪明"。**要知道我们每个人在遗传父母的基因时，大脑起始水平必然有差异，比如在相同的脑区，有的人神经细胞多，有的人神经细胞少，因此，不同的孩子在语言、图形、音律等方面体现出明显的天赋差异。但凭借后天的学习和发育，这些生理差异逐渐缩小，人与人之间的角力都集中在努力程度上。然而，脑科学的发现却提示我们运动能够启动"神经新生"，同时**由于**

注意力、意识和运动脑区之间有大量重叠，所以运动也可以直接从物理层面提升我们的专注力、自控力和思维能力等。

由此可以做出如下推演：运动不仅能使人身材更好、精神更佳，同时能增强大脑功能，提升注意力、记忆力、理解力、自制力，从而增强学习效果，让人创造更大的成就，获取更多资源。

运动，正是人生幸福正相关因素的出发点。

好的模式是"运动＋学习"

即使得出上述结论，我们依旧无法打消这样的疑虑：为什么很多人积极投身运动，却并没有体现出正相关的趋势呢？这个问题很值得探究，好在背后原因确实有据可依。

一个不可忽略的信息是，科学研究虽然证实运动能使大脑生长出新的神经元，但这些神经元需要经过发育，长出神经轴突和树突，才能形成真正的神经细胞。简单地说，新生的神经元就像一棵树，它需要长出树枝和树叶才能活下去（见图 8-1）。

所以运动不是关键，运动之后的活动安排及环境刺激才是关键。 有效的模式是这样的：在运动后的 1 ~ 2 小时内进行高强度、高难度的脑力活动，比如阅读、解题、背记、写作、编程等，或是一些需要复杂技巧的体力活动，诸如舞蹈、钢琴，以及参加不同于以往的社交活动，如接触新的环境、人物或事物，这么做可以让新的神经元受到刺激，不断生长。换句话说，

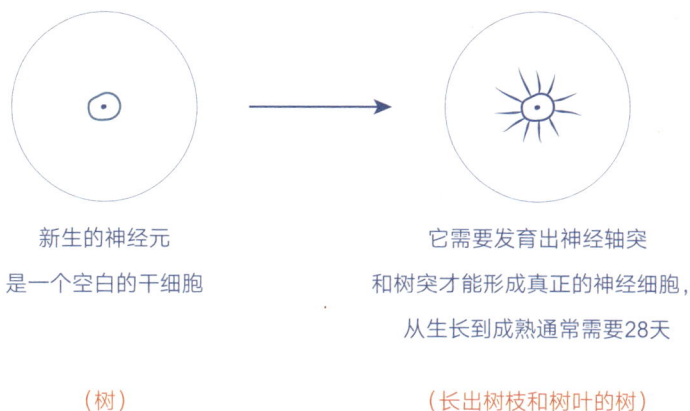

新生的神经元
是一个空白的干细胞

它需要发育出神经轴突
和树突才能形成真正的神经细胞，
从生长到成熟通常需要28天

（树）

（长出树枝和树叶的树）

图 8-1　新生的神经元是空白的干细胞

运动之后，脑子需要充分接受考验或挑战，才能让自己不断地变"聪明"。

并且，"运动＋学习"的模式需要坚持，因为新的神经元从生长到成熟通常需要 28 天。这对脑力劳动者绝对是个好消息，如果长期坚持"运动＋学习"模式，脑子会不知不觉地变得越来越灵活。大脑神经的连接越来越多，信号通路越来越宽，反应速度越来越快，人学习起来就更容易，就像一台计算机的运行内存在不断扩容，硬件条件变得越来越强。

在校学生更是如此。因为脑力活动原本就是他们的"主业"，如果**辅以"运动＋学习"模式，把复杂的学习内容放在运动之后，便能有效提升学习能力**。那些注重体育活动的学校，学生的综合素质往往不差。所以，不要成天闷在房间里学习，时常出去跑跑跳跳再学习，是非常有益的。

绝大多数运动者的硬伤就在这里：运动之后缺乏主动学习

的意识和习惯。他们习惯于在运动后看电视、刷手机、玩游戏、逛街、聚会、和朋友们闲聊，甚至直接睡觉，做那些无须动脑或让自己感到很舒服的事。真的很遗憾，那些好不容易生长出来的神经元随即消散，他们因此错失了变"聪明"的机会。

如何正确地运动

听到这个好消息，说不定你已经迫不及待地想去准备跑鞋了，但别着急，先了解一下如何科学地运动或许对你更有帮助。有效的运动不是高强度地"折磨"自己，也不是在室外闲庭信步，而是保持适当的心率。就减肥瘦身的有氧运动而言，专业的建议是心率保持在最大心率（220 − 年龄）的 60% ～ 80% 之间，刚好处于身体的舒适区边缘，每天活动半小时，就能产生极好的效果。

如果觉得麻烦，有一个简单的方法：**让自己保持做有氧运动时有些气喘的状态。**比如跑步时，保持足够快的速度直到有些气喘，持续 1 ～ 2 分钟，然后改为快走，调整呼吸，重复即可，这个活动量几乎每个人都可以达到。

如果你在学校，我建议你课间一定要出去活动活动，让自己达到有些气喘的状态再进教室，这样，你大脑中的血氧含量会大幅提高，非常有利于下节课保持注意力。即使下雨，你也可以在教学楼的楼梯上跑一遍，尽量不要一直待在教室里。

提到运动，我猜绝大多数人会选择跑步，但要想获得更好的效果，最好结合复杂运动。比如在 10 分钟的有氧热身之后练习瑜伽、舞蹈、体操、太极等，这些复杂的活动能让大脑的全部神经细胞参与其中。活动越复杂，神经突触的联系也就越复杂，突触生长也更密集，所以，**更好的运动方式一定同时包含有氧运动和复杂运动**（见图 8-2）。

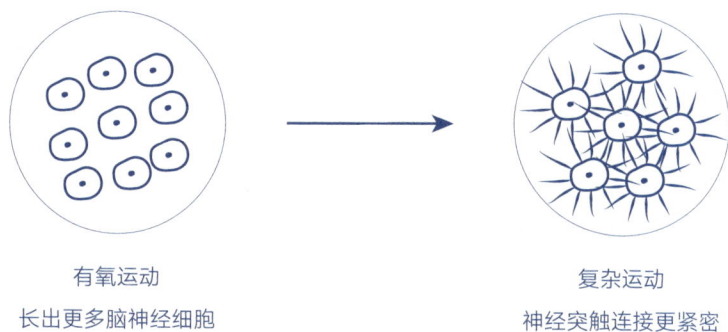

有氧运动
长出更多脑神经细胞

复杂运动
神经突触连接更紧密

图 8-2　复杂运动促使神经细胞的连接更紧密

四肢发达，头脑更发达

200 万年前，人类一直过着"狩猎采集"的生活，我们的祖先为了果腹，平均每天必须行走 8 ～ 16 千米。到最近的 1 万年前，人类才进入农耕文明，直至最近的 100 年，人类才进入物质丰富时代，不再需要为寻找食物耗费那么多能量。

在人们的观念中，运动只是为了让自己拥有更健康的身体和更健美的体型，健身房里的宣传画、朋友圈里的运动照，都在宣扬这种观点。但事实上，**运动更大的意义不在于健身，而**

在于健脑，它不仅能使人更加乐观，还能使头脑更加灵活，最终使健康水平和认知水平实现双重提升。

但人们一旦习惯久坐，就不愿意活动了，不知不觉进入了生活质量的下行通道——越低落、消沉，越不想运动；越不运动，越低落、消沉，而打破怪圈的最好办法正是去"挥洒汗水"——穿起跑鞋狂奔，拿起球拍挥打……

好在觉醒的人越来越多，人们开始相互鼓励去学习和运动，甚至还流行起了这样的文艺箴言：身体和灵魂，总有一个要在路上。

语言是会影响思维的，"四肢发达，头脑简单"这句话应该修改为"四肢发达，头脑更发达"才合理，而身体和灵魂也并非只能二选一，你不能只学习不运动，或只运动不学习，也不能随心情交替进行这两项活动。我相信你现在肯定更倾向于接受这样的表述：**灵魂想要走得远，身体必须在路上。**

认知越清晰，行动越坚定。强健的身体既是大脑贴身的生理环境，也是大脑工作的最佳保障。

从现在开始，给自己的运动计划赋予新的意义吧！

本节要点

1. 时常运动的人，体内生态系统犹如一汪清泉；而久坐不动的人，体内生态系统则更像一潭死水。

2. 运动能够使大脑长出更多新的神经元，这意味着运动可以在物理层面让人变得更"聪明"。

3.由于注意力、意识和运动脑区之间有大量重叠，所以运动也可以直接从物理层面提升我们的专注力、自控力和思维能力等。

4.运动不是关键，运动之后的活动安排及环境刺激才是关键。把复杂的学习内容放在运动之后，便能有效提升学习能力。

5.运动是消除抑郁的良药。

后记

阅读的结束只是改变的开始

如果你用心读到了这里，我相信你对学习这件事肯定会有全新的认知，甚至会有醍醐灌顶、豁然开朗的感觉。但不出意外的话，你很快就会遇到新的困惑：自己读完书之后很清醒，行动也有了变化，但一段时间之后为什么就不知不觉又回到原来的状态了呢？

我之所以能预料到这一点，是因为我和许多读者都经历过这个过程。所以，一旦你遇到这种情景，请不要懊恼、自责，这几乎是所有人的必经阶段。我们只需再次用书中的知识来自我提示，就能慢慢走出"不能长久，无法坚持"的行动怪圈。

首先，这背后仍然是我们**急于求成、避难趋易**的天性在作祟，我们总想马上看到变化，最好是很大的变化，一旦短时间内没有达到预期，我们就会偃旗息鼓。此时，我们一定要主动**降低期待**，把周期拉长，让自己乐于接受微小的变化，逐渐改变。

其次，要意识到认知也是一种技能。它的获取就像练习钢琴一样，需要经常练习、反复练习才能变为己有。我们不能在只懂得乐谱或只弹了一两次的情况下就指望自己流畅熟练地弹奏整首曲子。同理，我们不能知道一个道理、懂得一个概念，或偶尔做到几次就指望这些认知能成为自己的一部分，它同样需要持续练习和不断自我提醒才能成为我们自身行为的一部分。所以，当自己快失去耐心的时候，想想学习的本质，想想大脑中神经元形成强关联的过程，你的状态就一定会变得不同。

再次，有些道理你感觉自己懂了，但如果不去做，你永远也无法感受到它的力量，比如"写下来"或"扩大心理容量"，只要你真的去做，哪怕只做到一次，就会感觉完全不同。但如果你从不去做，那这个道理就和你永远没有关系，即使你知道它很有用。

最后，不排除另一种情况。一些人读完书之后，觉得受到触动的地方很多，于是这个也想做，那个也想要，最后反而不知道如何下手了。如果你有这样的困惑，那我建议你每次只取最触动自己的一个点去实践、改变，直到自己的生活和学习发生实际的变化，再去实践第二个、第三个……

懂得百点，不如改变一点。如果这本书有一个点触动并真实地改变了你，那这次阅读就是有意义的。这也是我在前言提示大家一定要把这本书当成工具书，时常回顾，不要一看了之的原因。

时常回顾的另一个原因是，本书还是有一些理论厚度的，学生朋友可能无法阅读一次就完全吃透，需要反复研习。但花费这些时间是值得的，因为磨刀不误砍柴工，花点时间掌握学习方法比学习本身更为重要。我相信愿意在这件事上多花时间的人，一定比其他人更具学习优势。

本书不保证你会成为学霸，但一定会让你对学习这件事更加有信心。因为通过本书，你一定会了解这样一个事实：**一个人学习能力强或学习成绩好，其实是由很多因素共同促成的。**比如：

他正好遇到一个好老师，让他有机会得到及时反馈，并始终在舒适区边缘学习；

他的生活环境中没有高刺激的娱乐信息，这使他无意中养成了极度专注的习惯；

他看待学习的视角不同，知道自己为什么而学；

他的生活里没有太多的情绪压力和烦恼；

他敢于正视困难、拆解困难；

他能够要事优先、劳逸结合；

他喜欢阅读、坚持运动；

……

同时，本书也会让你对学习这件事更加有掌控感。因为你一定知道**好的学习结果都是科学运用大脑规律的产物。**比如：

你知道大脑害怕困难，就会提醒自己正视痛苦；

你知道大脑天生模糊，就会提醒自己制造清晰；

你知道大脑喜欢简单，就会提醒自己拆解任务；

你知道大脑喜欢确定，就会提醒自己勇敢假设；

你知道人是感官动物，就会提醒自己优化环境；

你知道大脑有负面偏好，就会提醒自己多角度看问题；

……

如果我们不知道这些知识和原理，就会简单地认为一个人学习好的原因大概只有两个：要么他很努力，要么他有天赋。所以我们能选的路只有一条：比对方更努力。但这种**没有方法指导的努力往往是盲目和低效的**，一旦努力没有效果，我们就会认为自己不是学习的料，就会在痛苦和焦虑中煎熬，甚至自暴自弃、破罐破摔。

如果你的学习因为这本书发生了切实的变化，那我真的要恭喜你。但与此同时，我还想给你一个发自内心的忠告：方法虽然重要，但千万不要因此忽略了努力，**因为有方法支撑的努力才是有意义的。**

从这个角度看，学习者通常可以分为以下三个层次。

- **不知方法，只知用毅力盲目努力。**相信通过这本书，你一定能摆脱这种状态。
- **知道方法，但因此轻视努力。**这也是我最担心的事，所以专门在这里提醒大家。
- **知道方法，还非常努力。**这类人一定会在学习的过程中无往不胜，因为方法加努力，方能成大器。

方法和努力是学习的两条腿，缺一不可。

那什么样的努力值得我们学习呢?《态度》一书的作者吴军博士给女儿的信或许是一个很好的参考。他在书中这样告诫自己的女儿:如果你想获得 10 分的成绩,仅仅准备 10 分的努力是远远不够的,你可能要准备 30 分的努力。

常人可能觉得自己努力 8 分就够了,而学霸的**心理容量**可能是我们的 2 ~ 3 倍,这是我们用眼睛无法直接看到的差距。

最后,祝所有读过本书的人都能在学习中有所收获。如果你读完本书仍意犹未尽,那我建议你再去读一读《认知觉醒》和《认知驱动》,因为那里有更详尽的原理解释,有更丰富的应用场景,以及更深刻的成长探讨。如果说本书是一套学习方法论,那《认知觉醒》和《认知驱动》就是一套完整的成长方法论。

从终身学习到终身成长,那里有更广阔的世界。在那个世界里,你不仅可以得到学习的能力,还可以在未来的人生旅途中更好地掌控命运、成就自己。

参考文献

（按首次引用顺序）

［1］谢伯让.大脑简史［M］.北京：化学工业出版社，2018.

［2］刘未鹏.暗时间：思维改变生活［M］.北京：电子工业出版社，2011.

［3］尤瓦尔·赫拉利.人类简史：从动物到上帝［M］.林俊宏，译.北京：中信出版社，2017.

［4］米哈里·契克森米哈赖.心流：最优体验心理学［M］.张定琦，译.北京：中信出版社，2017.

［5］萨拉-杰恩·布莱克莫尔.青少年大脑使用说明书［M］.周芳芳，曹巍，译.北京：中信出版社，2019.

［6］卫蓝.反本能：如何对抗你的习以为常［M］.北京：人民邮电出版社，2022.

［7］李笑来.财富自由之路［M］.北京：电子工业出版社，2017.

［8］大卫·迪绍夫.元认知：改变大脑的顽固思维［M］.陈舒，译.北京：机械工业出版社，2014.

［9］李笑来.把时间当作朋友［M］.北京：电子工业出版社，

2016.

［10］芭芭拉·奥克利.学习之道［M］.教育无边界字幕组，译.北京：机械工业出版社，2016.

［11］西恩·贝洛克.具身认知：身体如何影响思维和行为［M］.李盼，译.北京：机械工业出版社，2016.

［12］安德斯·艾利克森，罗伯特·普尔.刻意练习：何如从新手到大师［M］.王正林，译.北京：机械工业出版社，2016.

［13］凯利·麦格尼格尔.自控力［M］.王岑卉，译.北京：印刷工业出版社，2012.

［14］亚历克西斯·威利特，珍妮佛·巴内特.我们的脑子够用吗？：剑桥的9堂趣味脑科学课［M］.颜雅琴，谢晴，译.南京：江苏凤凰文艺出版社，2020.

［15］上田正仁.思考力：潮爆东京大学的思维公开课［M］.陈雪冰，译.北京：中信出版社，2015.

［16］文森特·鲁吉罗.超越感觉：批判性思考指南［M］（第九版）.顾肃，董玉荣，译.上海：复旦大学出版社，2015.

［17］卫蓝.暗理性：如何掌控情绪［M］.杭州：浙江人民出版社，2019.

［18］乔纳森·海特.象与骑象人［M］.李静瑶，译.杭州：浙江人民出版社，2012.

［19］吕克·德·布拉班迪尔，艾伦·因.打破思维里的框：激发创造力只需五步［M］.林琳，译.北京：机械工业出版

社，2015.

[20] 成甲.好好学习：个人知识管理精进指南［M］.北京：中信出版社，2017.

[21] 师北宸.让写作成为自我精进的武器［M］.北京：中信出版社，2019.

[22] 盖瑞·马库斯.怪诞脑科学：战胜焦虑、混乱、拖延的自控术［M］.陈友勋，译.北京：中信出版社，2018.

[23] 约翰·巴奇.隐藏的意识：潜意识如何影响我们的思想和行为［M］.柴丹，译.北京：中信出版社，2018.

[24] 芭芭拉·奥克利，奥拉夫·舍韦.学习之道：11 天高效入门版［M］.汪幼枫，黄创，译.北京：机械工业出版社，2022.

[25] 卡尔·纽波特.深度工作［M］.宋伟，译.南昌：江西人民出版社，2017.

[26] Susan Kuang.成为自控者：建立幸福人生的正向循环［M］.长沙：湖南文艺出版社，2020.

[27] 德内拉·梅多斯.系统之美：决策者的系统思考［M］.邱昭良，译.杭州：浙江人民出版社，2012.

[28] 刘传.认知升级［M］.北京：中国友谊出版公司，2018.

[29] 彼得·C.布朗，亨利·L.罗迪格三世，马克·A.麦克丹尼尔.认知天性：让学习轻而易举的心理学规律［M］.北京：中信出版社，2018.

[30] 比尔·卢卡斯.聪明人是如何思考的［M］.刘畅，译，北京：

北京时代华文书局，2015.

［31］诺曼·道伊奇.重塑大脑，重塑人生［M］.洪兰，译，北京：机械工业出版社，2015.

［32］万维钢.学习究竟是什么［M］.北京：新星出版社，2020.

［33］池谷裕二.考试脑科学：脑科学中的高效记忆法［M］.高宇涵，译.北京：人民邮电出版社，2019.

［34］托德老师.点燃孩子的学习动力：关于儿童学习兴趣的真相［M］.北京：机械工业出版社，2020.

［35］李晓鹏.学习高手的三驾马车［M］.北京：光明日报出版社，2015.

［36］苗桂芳.解读自身的人体科学［M］.沈阳：辽海出版社，2011.

［37］西蒙·斯涅克.从"为什么"开始：乔布斯让 Apple 红遍世界的黄金圈法则［M］.苏西，译.深圳：海天出版社，2011.

［38］奇普·希思，丹·希思.行为设计学：让创意更有黏性［M］.姜奕晖，译.北京：中信出版社，2018.

［39］杰里米·拉萨路.NLP 思维［M］.陶尚芸，译.北京：台海出版社，2018.

［40］詹姆斯·克利尔.掌控习惯［M］.迩东晨，译.北京：北京联合出版公司，2019.

［41］稻盛和夫.活法［M］.曹岫云，译.北京：东方出版社，2019.

［42］罗伯特·清崎.富爸爸穷爸爸［M］.萧明，译.成都：四川人民出版社，2017.

［43］埃伦·兰格.专念创造力：学学艺术家的减法创意［M］.黄珏苹，译.杭州：浙江人民出版社，2012.

［44］亚历克斯·佩塔克斯，伊莱恩·丹顿.思维的囚徒［M］.赵晓瑞，译.北京：中信出版社，2019.

［45］维克多·弗兰克尔.活出生命的意义［M］.吕娜，译.北京：华夏出版社，2010.

［46］斯蒂芬·盖斯.微习惯：简单到不可能失败的自我管理法则［M］.桂君，译.南昌：江西人民出版社，2016.

［47］卡洛琳·亚当斯·米勒.坚毅：培养热情、毅力和设立目标的实用方法［M］.王正林，译.北京：机械工业出版社，2019.

［48］格雷戈里·希科克.神秘的镜像神经元［M］.李婷燕，译.杭州：浙江人民出版社，2016.

［49］海蒂·格兰特霍尔沃森.成功，动机与目标［M］.汤珑，译.南京：译林出版社，2013.

［50］约翰·瑞迪，埃里克·哈格曼.运动改造大脑［M］.浦溶，译.杭州：浙江人民出版社，2013.

［51］吴军.见识［M］.北京：中信出版社，2018.